AF548189

CLAIR GIBBONS

AUSTRALIEN

KOCHBUCH

Email: info@edition-lunerion.de
www.edition-lunerion.de

Psiana eCom UG
Berumer Str. 44
26844 Jemgum

Vorwort

Für Beuteltiere, Giftschlangen und atemberaubende Landschaften ist Australien berühmt und gerade junge Leute aus aller Welt schätzen den einzigartigen Lifestyle – aber haben Sie sich schon einmal gefragt, was in „Oz" eigentlich so gegessen wird? Bei Tisch treffen Sie nämlich auf einzigartig internationale Vielfalt, also schnappen Sie sich dieses Buch und erkunden Sie Down Under auf dem kulinarischen Weg!

Britische Siedler, Einwanderer aus Thailand und China sowie europäische Speisetraditionen: Australien ist zwar eine Insel, die zudem denkbar weit von den restlichen Teilen der Welt entfernt ist, doch trotzdem zeichnet sich seine Küche vor allem durch internationalen Einfluss aus. Dazu kommen eine einzigartige Tierwelt, die auch mal Känguru, Riesenkrabbe oder Emu auf den Speiseplan bringt, sowie die reichen Gaben des Ozeans ringsum – und so ergibt sich eine einzigartige Küchenkombination, die modern, exotisch und alltagstauglich zugleich ist. Ob reichhaltiges BBQ, erlesene Fischspezialitäten, Fast-Food-Leckereien für den entspannten Way of Life oder knackig-frische Salate, hier finden Foodies aller Geschmacksrichtungen reichlich Auswahl.

Guten Appetit!

INHALT

Wissenswertes

Die australische Küche ist durch die Einwanderungen vieler Nationalitäten geprägt. Sie werden also nichts typisch Australisches finden, sondern immer irgendwie an andere Länder erinnert werden. Die europäische Küche ist überwiegend sowie die chinesische oder thailändische. Fisch und Fleisch kommt immer auf den Tisch, sogar das Frühstück fängt schon deftig an. Da es in Australien meist warm ist, wird auch am liebsten an der frischen Luft gegessen. Sehr beliebt sind sogenannte BBQ's.

Zum Frühstück gibt es Speck, Eier und Würstchen. In ländlichen Gegenden werden gerne unterschiedliche Pies verspeist. Dies sind gefüllte Blätterteigtaschen. Diese Pies sind heute ein australisches Nationalgericht, weil es sie einfach überall gibt und sie zu jeder Tageszeit gegessen werden.

Wenn es schnell gehen muss, gibt es ein Toastbrot mit „Vegemite". Hierbei handelt es sich um einen Brotaufstrich, bestehend aus einem Hefeextrakt. Auch dieser ist typisch australisch.

Das Mittagessen ist meist spartanisch. Die meisten Australier essen Fast Food wie Fish and Chips oder Burger.

Dafür fällt ein Barbecue etwas umfangreicher aus. Kaum ein Australier verzichtet auf ein solches Ereignis. Die ganze Familie und Freunde kommen zusammen, es wird zuhause, aber auch gerne, wenn möglich, am Strand, am See oder an einem Fluss abgehalten. Hier kommen dann alle möglichen

Gemüsesorten, Rind- und Lammfleisch sowie Fisch und Muscheln auf den Grill oder in den Smoker. Damit das Fleisch saftig bleibt, wird ein spezieller Bratensaft, der „Gravy", hinzugefügt.

Den englischen Siedlern verdankt das Land auch den Nachmittagstee mit Gebäck und Kuchen. So sind einige Leckereien, die es in England gibt, auch in Australien bekannt und beliebt.

Aber Australien hat auch Außergewöhnliches zu bieten. Der Artenvielfalt an Säugetieren und Reptilien verdankt das Land Spezialitäten wie Krokodilfleisch, Schlangenfleisch, Kängurufleisch sowie Straußen- und Emufleisch. Auch verschiedene Fischarten kommen auf den Tisch. Riesenkrabben, Lobster und der Barramundi gehören auf den australischen Speiseplan.

Die Ureinwohner, die Aborigines, gibt es auch heute noch in Australien. Diese haben natürlich eine ganz eigene Küche, die allerdings für die meisten Australier irrelevant ist. Dennoch gibt es einige Restaurants, die solche Gerichte anbieten. Diese traditionelle Ernährung wird Bush Food oder Bush Tucker genannt und besteht aus einheimischen Pflanzen, Früchten und Tieren.

Sie sehen also, Australien hat viel zu bieten. Das eine oder andere typisch Australische hat sich entwickelt, aber überwiegend ist die australische Küche sehr multikulturell angelegt.

EINKAUFSLISTE

Straußenfleisch (kann genutzt werden, falls vorhanden, hier oft durch Schweinefleisch ersetzt)

Kängurufilet (kann genutzt werden, falls vorhanden, hier oft durch Schweinefleisch ersetzt)

Vollrohrzucker – unraffinierter Zucker

Rotwein

Geflügelfond

Portulak – Gemüse- und Würzpflanze, wird auch als Burzelkraut bezeichnet

Halloumi – Grillkäse

Kokoschips – erhältlich in Drogerien

Zitronenmyrte – im gut sortierten Gewürzhandel oder im Internet erhältlich

Tasmanischer Pfeffer – im gut sortierten Gewürzhandel oder im Internet erhältlich

Tasmanische Pfeffer-Blätter – im gut sortierten Gewürzhandel oder im Internet erhältlich

Akaziensamen – im gut sortierten Gewürzhandel oder im Internet erhältlich

Getrocknete Buschtomaten – im gut sortierten Gewürzhandel oder im Internet erhältlich

Desert Limes – kleine australische Limetten, alternativ können kernlose Weintrauben verwendet werden

Tamarindenpaste – in gut sortierten Lebensmittelgeschäften erhältlich

Palmzucker – in gut sortierten Lebensmittelgeschäften erhältlich

Fischfond – in gut sortierten Lebensmittelgeschäften erhältlich

Frühstück

BACON AND EGG-PIE (EIERPASTETE)

 6 Port.

 60 Min.

 Leicht

Zutaten

8 Scheiben TK-Blätterteig (je nach Größe der Form auch mehr oder weniger)
500 g Speck
12 Eier
250 g Käse, gerieben
etwas Mehl für die Auflaufform

Nährwerte p. P.

1287 kcal
33 g Kohlenhydrate
112 g Fett
36 g Eiweiß

1 Heizen Sie den Backofen auf 175 °C Ober-/Unterhitze vor.

2 Schneiden Sie den Speck in kleine Würfel und geben Sie ihn in eine Schüssel. Fügen Sie 11 Eier und den geriebenen Käse dazu und mischen Sie alle Zutaten locker zusammen.

3 Fetten Sie eine Auflaufform ein und bestäuben Sie sie mit Mehl. Legen Sie die Hälfte des Blätterteiges hinein. Füllen Sie die Eimischung hinein und legen Sie den übrigen Blätterteig darauf.

4 Verrühren Sie das übrige Ei und streichen Sie es auf den Blätterteig.

5 Backen Sie die Speise für etwa 45 Minuten im Backofen.

Tipp: Diese Speise kann auch kalt serviert werden, sie eignet sich deshalb gut für Partys.

PIKELETS (AUSTRALISCHE PFANNKUCHEN)

4 Port.

65 Min.

Leicht

Zutaten

300 ml Milch
20 ml Rum
200 g Mehl
2 Eier
2 EL Rosinen
2 EL Honig, flüssig
1 TL Backpulver
1 Banane
1 Prise Salz
etwas Butter zum Braten
etwas Honig zum Beträufeln
etwas Puderzucker zum Bestäuben

Nährwerte p. P.

412 kcal
64 g Kohlenhydrate
9 g Fett
12 g Eiweiß

1 Füllen Sie den Rum in eine Schüssel und weichen Sie darin die Rosinen ein.

2 Trennen Sie die Eier und geben Sie die Eigelbe in eine Rührschüssel. Füllen Sie die Milch, den Honig, das Mehl und das Backpulver sowie etwas Salz dazu und verrühren Sie alle Zutaten zu einem glatten, etwas zähflüssigen Teig. Stellen Sie ihn zum Ruhen für 30 Minuten beiseite.

3 Währenddessen schlagen Sie die Eiweiße zu einem steifen Schnee. Heben Sie den Eischnee mit den eingeweichten Rosinen vorsichtig unter den Teig.

4 Erhitzen Sie etwas Butter in einer Pfanne. Geben Sie den Teig esslöffelweise in das heiße Fett und braten Sie die kleinen Pfannkuchen für jeweils etwa 2 Minuten von jeder Seite. Legen Sie sie auf einen Teller und halten Sie sie warm. Verfahren Sie weiter, bis der Teig aufgebraucht ist.

5 Zwischendurch entfernen Sie die Schale der Banane und schneiden sie in schräge Scheiben.

6 Richten Sie die Pfannkuchen portionsweise auf einem Teller an und garnieren Sie sie mit einigen Bananenscheiben. Träufeln Sie etwas Honig darüber und bestäuben Sie sie mit dem Puderzucker.

BANANEN-PORRIDGE

1 Port. 15 Min. Leicht

Zutaten

1 Tasse Milch
1 TL Honig
1 Banane
1 Tasse Wasser
1 Tasse Haferflocken

Nährwerte p. P.

537 kcal
82 g Kohlenhydrate
14 g Fett
18 g Eiweiß

1 Entfernen Sie die Schale der Banane. Zerdrücken Sie die Frucht mit einer Gabel.

2 Füllen Sie die Milch und das Wasser in einen Topf und geben Sie die Haferflocken dazu. Kochen Sie die Zutaten einmal unter Rühren auf. Reduzieren Sie die Temperatur auf die niedrigste Einstellung und lassen Sie das Porridge etwas aufquellen.

3 Anschließend rühren Sie die zerdrückte Banane unter das Porridge. Geben Sie nach Belieben etwas Honig dazu.

STRAUßENRÜHREI

6 Port. 15 Min. Leicht

Zutaten

½ Zwiebel
150 g Schinken
6 EL Butter
1 Straußenei
1 Prise Salz
1 Prise Pfeffer
Kräuter

Nährwerte p. P.

179 kcal
1 g Kohlenhydrate
15 g Fett
10 g Eiweiß

1 Schneiden Sie zunächst den Schinken in kleine Würfel. Pellen Sie die Zwiebel und schneiden Sie sie ebenfalls in kleine Würfel.

2 Schlagen Sie das Ei in eine Rührschüssel und verquirlen Sie es. Würzen Sie es mit Salz und Pfeffer.

3 Erhitzen Sie die Butter in einer Pfanne und braten Sie darin die Zwiebel und den Schinken an. Füllen Sie das Ei dazu und rühren Sie die Speise so lange vorsichtig um, bis das Ei stockt.

4 Zum Servieren geben Sie einige Schinkenwürfel und Kräuter über das Rührei.

Tipp: Wenn Sie die Straußeneischale zur Dekoration behalten möchten, müssen Sie den Inhalt ausblasen. Dazu bohren Sie an den Enden vorsichtig ein Loch in die Schale, erst ein etwas kleineres, dann vergrößern Sie es. Stecken Sie einen Strohhalm in eines der Löcher und halten Sie das Ei über eine Schüssel. Nun können Sie durch den Strohhalm pusten und das Ei ausblasen.

EIER IN TOAST

2 Port.

15 Min.

Leicht

Zutaten

4 Scheiben Toastbrot
1 EL Butter
2 EL Käse, gerieben
4 Eier
Salz
Pfeffer

Nährwerte p. P.

295 kcal
20 g Kohlenhydrate
17 g Fett
15 g Eiweiß

1 Stechen Sie bei jedem Toastbrot ein beliebiges Motiv in der Mitte aus.

2 Erhitzen Sie die Butter in einer Pfanne und legen Sie die Brotscheiben hinein. Braten Sie sie für eine Minute, dann wenden Sie sie auf die andere Seite.

3 Geben Sie nun immer ein Ei pro Brotscheibe in das ausgestochene Motiv. Braten Sie den Eiertoast, bis das Ei stockt. Würzen Sie nach Belieben mit Salz und Pfeffer und geben Sie etwas geriebenen Käse darauf.

Suppen

ERBSEN-BOHNENSUPPE MIT SPARGEL

8 Port. 45 Min. Leicht

Zutaten

180 g Erbsen
100 g Spargel, grün
500 g dicke Bohnen, grün
400 ml Gemüsebrühe
1 EL Oliven, schwarz und gehackt
300 ml Wasser
1 Prise Salz
Kräuter, gehackt nach Belieben

Nährwerte p. P.

49 kcal
5 g Kohlenhydrate
0 g Fett
5 g Eiweiß

1 Geben Sie das Gemüse nacheinander zum Blanchieren in kochendes Salzwasser.

2 Füllen Sie das Gemüse in einen anderen Topf um und pürieren Sie es mit einem Pürierstab. Geben Sie dabei etwas vom Kochwasser hinzu.

3 Anschließend geben Sie die Gemüsebrühe und das Wasser zum Gemüsepüree. Erhitzen Sie es noch einmal und pürieren Sie es dabei gründlich durch.

4 Zum Servieren geben Sie die Suppe auf einen tiefen Teller und garnieren sie mit den Kräutern und den Olivenstücken.

MÖHREN-MANDARINEN-SUPPE

4 Port. 45 Min. Leicht

Zutaten

1,5 l Gemüsebrühe
1 Chilischote
1 Zwiebel
1 kg Möhren
10 g Ingwer
6 Mandarinen
½ Bund Koriander
1 Prise Salz
1 EL australische Gewürzmischung (Rezept in diesem Kochbuch)
1 EL Öl

Nährwerte p. P.

128 kcal
22 g Kohlenhydrate
1 g Fett
4 g Eiweiß

1 Pellen Sie die Zwiebel und schneiden Sie sie in Viertel. Säubern Sie die Möhren und schneiden Sie sie in grobe Stücke.

2 Erhitzen Sie etwas Öl in einem ausreichend großen Topf und braten Sie darin die Zwiebeln und die Möhren an. Gießen Sie die Brühe dazu und kochen Sie die Zutaten kurz auf. Anschließend legen Sie einen Deckel auf den Topf und kochen die Möhren und Zwiebeln, bis sie gar sind.

3 In der Zwischenzeit spülen Sie den Koriander ab und entfernen die Blätter vom Stiel. Pellen Sie die Mandarinen und teilen Sie sie in grobe Stücke. Säubern Sie die Chilischote und schneiden Sie sie in grobe Stücke.

4 Nach der Kochzeit geben Sie die Mandarinen, die Chilischote, die Korianderblätter und den Ingwer zu den Möhren in den Topf. Köcheln Sie die Zutaten für etwa 10 Minuten.

5 Pürieren Sie mit einem Pürierstab alles zu einer feinen Masse. Zum Servieren geben Sie die Suppe in ein Sieb und streichen sie in eine Servierschüssel. Würzen Sie die Suppe mit Salz und der australischen Gewürzmischung.

KALTE JOGHURT-ERBSENSUPPE

4 Port.

30 Min.

Leicht

Zutaten

250 g Joghurt
600 ml Gemüsebrühe
2 TL Limettensaft
400 g Erbsen
1 Knoblauchzehe
1 Bund Minze
1 Prise Zucker
1 Prise Salz
1 Prise Cayennepfeffer

Nährwerte p. P.

160 kcal
16 g Kohlenhydrate
5 g Fett
11 g Eiweiß

1 Füllen Sie die Gemüsebrühe in einen Topf und kochen Sie sie kurz auf. Geben Sie die Erbsen dazu und kochen Sie sie für etwa 3 Minuten.

2 In der Zwischenzeit spülen Sie die Minze ab, legen einige Blätter zum Garnieren beiseite und geben den Rest zu den Erbsen in den Topf.

3 Pürieren Sie die Erbsen und die Minze mit einem Pürierstab. Stellen Sie den Topf zum Abkühlen beiseite.

4 Pellen Sie den Knoblauch und pressen Sie ihn in die abgekühlte Suppe. Geben Sie den Joghurt dazu und rühren Sie alle Zutaten zusammen. Schmecken Sie die Suppe mit Salz, Limettensaft, Zucker und Cayennepfeffer ab.

5 Zum Servieren füllen Sie die Suppe in tiefe Teller und garnieren sie mit den Minzblättern.

LAKSA CURRY FISH SOUP (AUSTRALISCHE FISCHSUPPE)

6 Port.

90 Min.

Mittel

Zutaten

100 g Garnelen ohne Schale
200 g Doradenfilets
1 l Fischfond (Fertigprodukt)
300 g Zwiebeln
400 ml Kokosmilch
2 Bananen
200 ml Milch
1 EL Butter
120 g Palmzucker
1 Mango, grün
100 g Ingwer
1 Paprika, rot
4 Knoblauchzehen
1 Stange Zitronengras
5 Kardamomsamen
50 ml Tamarinde, gekocht
2 Möhren
40 g Currypaste, gelb
200 g Kartoffeln
1 Prise Kreuzkümmel
1 Prise Sternanis
1 Prise Currypulver
1 Prise Zimt
1 Prise Salz
1 Prise Pfeffer
1 Prise Kurkuma
1 Prise Thai-Chili (alternativ herkömmliches Chilipulver)
Etwas Koriander zum Garnieren
1 Chilischote, groß, rot, zum Garnieren

Nährwerte p. P.

497 kcal
58 g Kohlenhydrate
21 g Fett
16 g Eiweiß

1 Pellen Sie die Zwiebeln und den Knoblauch und schneiden Sie beides in kleine Würfelchen. Säubern Sie die Mango und die Paprika. Schneiden Sie sie in kleine Würfel. Säubern Sie die Möhren und schneiden Sie sie in kleine Würfel. Schälen Sie die Kartoffeln und schneiden Sie sie in kleine Würfel. Zerkleinern Sie den Ingwer. Entfernen Sie die Schale der Bananen und schneiden Sie sie in Scheiben. Säubern Sie den Fisch und schneiden Sie ihn in kleine Stücke.

2 Erhitzen Sie die Butter in einer Pfanne und schwitzen Sie darin die Zwiebeln, das Zitronengras, den Ingwer sowie den Knoblauch mit etwas Chilipulver und Kurkuma an. Geben Sie Kreuzkümmel, Kardamomsamen, Currypulver, Sternanis, Zimt, die Bananen, die Tamarinde und die Currypaste sowie den Palmzucker dazu. Dünsten Sie die Zutaten für ein paar Minuten.

3 Füllen Sie nun den Fischfond, die Milch und die Kokosmilch dazu. Kochen Sie die Suppe kurz auf und köcheln Sie sie dann bei niedriger Temperatur für etwa 20 Minuten. Anschließend holen Sie das Zitronengras heraus und passieren die Suppe durch ein Sieb.

4 Füllen Sie die passierte Suppe in einen neuen Topf um. Kochen Sie sie einmal kurz auf und geben Sie den Fisch, die Garnelen, die Möhren, die Kartoffeln, die Mango und die Paprika dazu. Köcheln Sie die Suppe, bis das Gemüse eine bissfeste Konsistenz erreicht hat, schmecken Sie die Speise gegebenenfalls mit Salz und Pfeffer ab.

5 Zum Servieren füllen Sie die Suppe in Suppenschälchen und garnieren sie mit dem Koriander und der roten Chili.

EINFACHE AUSTRALISCHE LAKSA-SUPPE

4 Port. 25 Min. Mittel

Zutaten

100 g Glasnudeln
100 g Zuckerschoten
400 g Lachsfilet
200 g Blattspinat
1 Zitrone, unbehandelt
1 Bund Frühlingszwiebeln
5 Stängel Koriandergrün
1 EL Currypaste, gelb
500 ml Kokosmilch
500 ml Geflügelbrühe
1 Prise Salz
1 Prise Zucker

Nährwerte p. P.

661 kcal
36 g Kohlenhydrate
44 g Fett
28 g Eiweiß

1 Geben Sie die Geflügelbrühe und die Kokosmilch in einen Topf und kochen Sie die Flüssigkeit einmal auf. Reduzieren Sie die Temperatur auf die niedrigste Stufe. In der Zwischenzeit überbrühen Sie die Glasnudeln für 2 Minuten mit heißem Wasser. Danach geben Sie sie zum Abtropfen in ein Küchensieb. Säubern Sie die Zitrone und reiben Sie die Schale ab. Anschließend pressen Sie den Saft heraus. Säubern Sie das Gemüse. Halbieren Sie in der Länge die Zuckerschoten und schneiden Sie die Frühlingszwiebeln in schräge Scheiben. Spülen Sie den Spinat ab und entfernen Sie die Stiele. Schneiden Sie den Fisch in mundgerechte Würfel und würzen Sie ihn mit Salz.

2 Geben Sie die Currypaste in die Suppe und fügen Sie die Zitronenschale, 3 Esslöffel Zitronensaft sowie etwas Salz und Zucker dazu. Verrühren Sie alles miteinander.

3 Geben Sie das zerkleinerte Gemüse, den Spinat und die Fischwürfel in die Suppe. Kochen Sie sie kurz auf und stellen Sie die Temperatur dann herab. Köcheln Sie die Suppe für ein paar Minuten, bis der Fisch durchgegart ist.

4 Währenddessen spülen Sie den Koriander ab und entfernen die Blätter.

5 Zum Servieren befüllen Sie einen tiefen Teller mit der Suppe und garnieren sie mit den Korianderblättern.

AUSTRALISCHE KÜRBISSUPPE

4 Port.

70 Min.

Leicht

Zutaten

1 Kent-Kürbis, alternativ Hokkaido-Kürbis
1 Knoblauchzehe
2 Zwiebeln
2 EL Fenchelsamen
2 EL Oregano, getrocknet
2 EL Koriandersamen
1,5 l Gemüsebrühe
1 EL Olivenöl
1 Prise Pfeffer
1 Prise Salz

Nährwerte p. P.

256 kcal
41 g Kohlenhydrate
6 g Fett
6 g Eiweiß

1 Entfernen Sie gegebenenfalls die Schale vom Kürbis und schneiden Sie ihn in Würfel. Belegen Sie ein Blech mit Backpapier und legen Sie die Kürbiswürfel darauf. Pellen Sie den Knoblauch und heizen Sie den Backofen auf 200 °C Umluft vor.

2 Geben Sie den Oregano, die Koriander- und die Fenchelsamen mit dem Knoblauch in einen Mörser und zerkleinern Sie alles.

3 Bestreichen Sie die Kürbiswürfel mit dem Olivenöl und wenden Sie sie anschließend in der soeben hergestellten Gewürzmischung.

4 Garen Sie den Kürbis im Backofen für etwa 20 bis 25 Minuten.

5 In der Zwischenzeit pellen Sie die Zwiebeln und schneiden sie in Würfel. Erhitzen Sie etwas Olivenöl in einem Topf und dünsten Sie darin die Zwiebeln glasig an.

6 Nach der Garzeit geben Sie die Kürbiswürfel dazu und vermischen sie mit den Zwiebeln. Füllen Sie die Brühe auf und köcheln Sie die Suppe für etwa 20 Minuten.

7 Anschließend nehmen Sie den Topf von der Kochstelle und pürieren alle Zutaten mit einem Pürierstab zu einer sämigen Masse. Würzen Sie die Kürbissuppe mit Salz und Pfeffer.

Tipp: Zur Kürbissuppe passt das australische Damper-Brot.

Brote

DAMPER (AUSTRALISCHES BUSCHBROT)

1 Brot. 60 Min. Leicht

Zutaten

200 ml Wasser
200 ml Milch
1 kg Mehl
1 EL Zucker
1½ TL Salz
5 TL Backpulver

Nährwerte p. Brot

3656 kcal
748 g Kohlenhydrate
17 g Fett
106 g Eiweiß

1 Heizen Sie den Backofen auf 200 °C Umluft vor.

2 Geben Sie mit Hilfe eines Siebes das Mehl mit dem Backpulver und dem Salz in eine Rührschüssel. Fügen Sie den Zucker dazu und vermischen Sie die Zutaten miteinander.

3 Bilden Sie in der Mitte eine Mulde und füllen Sie die Milch und das Wasser hinein. Vermischen Sie alles zu einem glatten Teig.

4 Belegen Sie ein Blech mit Backpapier und formen Sie darauf aus dem Teig einen runden Brotlaib. Pinseln Sie etwas Milch auf den Laib und bestreuen Sie ihn mit Mehl. Anschließend schneiden Sie ihn kreuzweise ein.

5 Backen Sie das Brot für etwa 45 Minuten, bis es eine goldbraune Farbe angenommen hat. Ob es wirklich durchgegart ist, prüfen Sie mit dem Klopfen auf die Unterseite des Brotes. Es hört sich dann hohl an.

Tipp: Statt der Milch kann auch Bier verwendet werden. Wenn Sie mögen, können Sie geriebenen Käse oder Kräuter unter den Teig mischen.

KOKOSBROT

20 Scheiben.

80 Min.

Leicht

Zutaten

400 g Mehl
300 ml Milch
150 g Kokosraspel
250 g Zucker
2 Eier
1 TL Vanillearoma
2 TL Zimt
2 TL Backpulver
1 TL Puderzucker
75 g Butter

Nährwerte p. Scheibe

190 kcal
28 g Kohlenhydrate
7 g Fett
4 g Eiweiß

1 Heizen Sie den Backofen auf 160 °C Umluft vor.

2 Sieben Sie das Mehl mit dem Backpulver und dem Zimt in eine Rührschüssel. Mischen Sie den Zucker und die Kokosraspel darunter und bilden Sie in der Mitte eine Mulde.

3 Erhitzen Sie die Butter bei niedriger Hitze in einem Topf. Stellen Sie den Topf zum Abkühlen beiseite. In der Zwischenzeit vermischen Sie in einer Schüssel die Milch mit den Eiern und dem Vanillearoma.

4 Gießen Sie die Milchmischung in die Mehlmulde und rühren Sie sie etwas unter. Anschließend fügen Sie die geschmolzene Butter dazu und rühren sie ebenfalls unter den Teig.

5 Fetten Sie eine Kastenform ein und bestreuen Sie sie mit etwas Mehl. Füllen Sie den Teig hinein und backen Sie das Brot für etwa 70 Minuten.

6 Nach der Backzeit stellen Sie die Kastenform für 5 Minuten zum leichten Abkühlen beiseite und nehmen dann das Brot heraus. Nach dem kompletten Abkühlen stäuben Sie etwas Puderzucker darüber und schneiden es zum Servieren in Scheiben.

FEENBROT

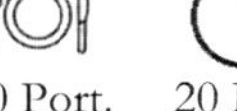

10 Port. 20 Min. Leicht

Zutaten

200 g Butter, zimmerwarm
20 Scheiben Sandwichbrot
400 g Zuckerstreusel, bunt

Nährwerte p. P.

449 kcal
40 g Kohlenhydrate
29 g Fett
6 g Eiweiß

1 Toasten Sie alle Weißbrotscheiben bei geringer Temperatur. Sie sollen nur leicht geröstet werden. Stellen Sie die Brotscheiben zum Abkühlen beiseite.

2 Stechen Sie in der Mitte jeder Brotscheibe ein Motiv aus oder schneiden Sie sie in der Diagonalen durch. Bestreichen Sie die Scheiben mit reichlich Butter.

3 Geben Sie die Zuckerstreusel auf einen flachen Teller und drücken Sie die Brote mit der Butterseite fest hinein.

4 Zum Servieren richten Sie die Brote auf bunten Tellern an.

Tipp: Statt Butter können Sie auch Schokoladencreme verwenden.

Diese Süßspeise wird in Australien gerne zu Kindergeburtstagen gereicht.

AUSTRALISCHES FLADENBROT

4 Port.

45 Min.

Leicht

Zutaten

275 ml Milch
360 g Mehl
75 g Butter
1 EL Sesamsamen
2 EL Backpulver
1 Ei
½ TL Paprikapulver
1 TL Salz

Nährwerte p. P.

533 kcal
70 g Kohlenhydrate
22 g Fett
13 g Eiweiß

1 Heizen Sie den Backofen auf 200 °C Umluft vor. Schlagen Sie das Ei in eine Schüssel und verrühren Sie es mit der Milch.

2 Geben Sie das Mehl mit dem Backpulver und dem Salz in eine große Rührschüssel und vermischen Sie alles miteinander. Schneiden Sie die Butter in kleine Stücke. Mischen Sie sie unter den Teig. Es sollen kleine Streusel entstehen.

3 Bilden Sie in der Mitte der Mehlmischung eine Mulde und füllen Sie die Eiermilch hinein. Kneten Sie alle Zutaten zu einem festen Teig zusammen. Formen Sie eine große Kugel daraus.

4 Legen Sie zwei Stücke Alufolie übereinander auf eine Arbeitsplatte und legen Sie die Teigkugel darauf. Drücken Sie die Kugel zu einem Fladen zusammen. Streichen Sie etwas Wasser auf den Teig und streuen Sie die Sesamsamen und das Paprikapulver darüber.

5 Backen Sie das Fladenbrot für etwa 30 Minuten auf der mittleren Schiene. Ob das Brot durchgegart ist, können Sie mit einem Klopftest feststellen. Der Brotlaib hört sich dann hohl an.

Vorspeisen

GARNELEN-SPIEßE MIT MANGO-CHUTNEY

4 Port.

30 Min.

Mittel

Zutaten

4 Stängel Zitronengras zum Aufspießen
4 TL Mango-Chutney (Rezept in diesem Kochbuch)
4 Riesengarnelen, roh (gesäubert, geschält, mit Schwanz)
1 Mango, in Spalten
einige Kokoschips, geröstet
1 Prise Salz
1 EL Kräuter
etwas Öl

Nährwerte p. P.

191 kcal
16 g Kohlenhydrate
4 g Fett
21 g Eiweiß

1 Waschen Sie die Garnelen. Spießen Sie sie auf jeweils einen Zitronengrasstängel auf. Würzen Sie die Garnelen mit Salz.

2 Erhitzen Sie etwas Öl in einer Pfanne und braten Sie die Garnelen von allen Seiten, bis sie gar sind.

3 Richten Sie die Garnelenspieße auf einem Teller mit dem Mango-Chutney und den Kokoschips an. Garnieren Sie die Speise nach Belieben mit Kräutern und Mangospalten.

FREMANTLE OCTOPUS (OCTOPUS-SPIEßE)

4 Port.

30 Min.

Leicht

Zutaten

1 Limette, Saft
2 EL Zucker
1 TL Tamarindenpaste
4 Oktopus-Tentakel, gegart
etwas Thai-Basilikum, alternativ herkömmliches Basilikum
Röstzwiebeln nach Belieben
etwas Öl

Nährwerte p. P.

56 kcal
2 g Kohlenhydrate
2 g Fett
11 g Eiweiß

1 Teilen Sie die Tentakel in mundgerechte Stücke und spießen Sie sie zu gleichen Teilen auf 4 Holzspieße. Grillen oder braten Sie sie, bis sie gar sind.

2 Erhitzen Sie den Limettensaft mit dem Zucker in einer Pfanne und karamellisieren Sie ihn leicht. Würzen Sie das Karamell mit der Tamarindenpaste.

3 Frittieren Sie die Basilikumblätter in heißem Öl kurz an.

4 Zum Servieren drapieren Sie einen Spieß auf einem Teller und geben etwas Karamellsoße darüber. Garnieren Sie ihn mit den frittierten Basilikumblättern und nach Belieben mit einigen Röstzwiebeln.

SAUSAGE ROLLS (WURST IN BLÄTTERTEIG)

4 Port.

60 Min.

Schwer

Zutaten

4 Bratwürstchen
1 Pck. Blätterteig
2 EL Sesamsamen
1 Ei
2 EL Wasser
1 Zwiebel
etwas Schnittlauch, frisch
½ TL Salz
1 Prise Pfeffer

Nährwerte p. P.

479 kcal
24 g Kohlenhydrate
36 g Fett
13 g Eiweiß

1 Heizen Sie den Backofen auf 200 °C Ober-/Unterhitze vor.

2 Rollen Sie den Blätterteig aus und schneiden Sie ihn längs zur Hälfte durch. Entfernen Sie die Haut der Bratwürste. Pellen Sie die Zwiebel und schneiden Sie sie in kleine Stücke.

3 Schlagen Sie das Ei in ein Schälchen und verquirlen Sie es mit dem Wasser.

4 Geben Sie die Wurst (ohne Pelle), die Zwiebeln, den kleingeschnittenen Schnittlauch, das Salz und den Pfeffer in eine Schüssel und vermischen Sie alles gut miteinander. Formen Sie eine Rolle aus der Masse und legen Sie diese auf den Blätterteig.

5 Rollen Sie nun den Blätterteig auf. Geben Sie zum Zusammenkleben etwas Ei auf die Naht. Pinseln Sie den Rest des Eis von außen auf die Blätterteigrollen und streuen Sie den Sesam darüber.

6 Stellen Sie das Gebäck einige Zeit in den Kühlschrank. Der Teig verfestigt sich dadurch. Anschließend schneiden Sie etwa 4 Zentimeter lange Stücke ab.

7 Legen Sie die Teigstücke auf ein mit Backpapier belegtes Blech und backen Sie sie auf der mittleren Schiene für etwa 25 bis 30 Minuten. Nach der Garzeit stellen Sie das Blech zum Abkühlen beiseite.

BRUSCHETTA MIT MACADAMIAPESTO

 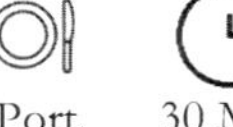 

4 Port. 30 Min. Leicht

Zutaten

Pesto:

160 g Macadamianüsse, roh
125 ml Macadamiaöl
3 Knoblauchzehen
65 g Parmesan, gerieben
40 g Basilikum
½ TL Meersalz

Brot:

1 Baguette oder Ciabatta
1 100 g Macadamianüsse
1 Paprika, gelb
1 Paprika, rot
etwas Öl

Nährwerte p. P.

1044 kcal
49 g Kohlenhydrate
83 g Fett
19 g Eiweiß

Zubereitung Pesto:

1 Pellen Sie den Knoblauch und schneiden Sie ihn in kleine Stücke. Spülen Sie das Basilikum ab und geben Sie es in einen elektrischen Mixer. Fügen Sie die Nüsse und den Knoblauch hinzu und zerkleinern Sie alle Zutaten.

2 Fügen Sie dann den Käse und das Salz hinzu und mixen Sie die Zutaten zusammen.

3 Währenddessen füllen Sie nach und nach das Öl in den Mixer. Mixen Sie alle Zutaten so lange zusammen, bis eine glatte Masse entstanden ist.

4 Bis zur Verwendung lagern Sie das Pesto in einem gut verschließbaren Gefäß.

Zubereitung Brot:

1 Rösten Sie das in Scheiben geschnittene Baguette oder Ciabatta im Backofen oder im Toaster leicht goldbraun. Stellen Sie sie zum Abkühlen beiseite.

2 Säubern Sie die Paprika und schneiden Sie sie in Streifen. Braten Sie diese in etwas Öl an.

3 Erhitzen Sie eine Pfanne ohne Fettzugabe und rösten Sie darin die Nüsse an. Stellen Sie die Pfanne zum Abkühlen beiseite.

4 Zum Servieren bestreichen Sie die Brotscheiben mit dem Pesto und garnieren sie mit den gerösteten Nüssen und der gebratenen Paprika

SHIITAKE-SPIEßE (PILZ-SPIEßE)

 4 Port.  30 Min.  Leicht

Zutaten

4 EL Pflaumensoße
20 Shiitake-Pilze
1 TL Sesamsamen
1 Knoblauchzehe
etwas Öl

Nährwerte p. P.

54 kcal
9 g Kohlenhydrate
1 g Fett
1 g Eiweiß

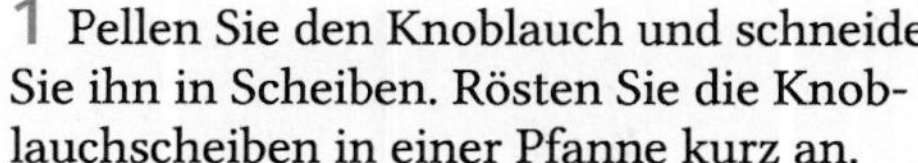

1 Pellen Sie den Knoblauch und schneiden Sie ihn in Scheiben. Rösten Sie die Knoblauchscheiben in einer Pfanne kurz an.

2 Säubern Sie die Pilze und entfernen Sie die Stängel. Spießen Sie die Pilze auf kleine Holzspieße.

3 Erhitzen Sie etwas Öl in einer Pfanne und braten Sie die Pilze rundherum gar.

4 Erhitzen Sie in einem Topf die Pflaumensoße.

5 Zum Servieren geben Sie die Pilz-Spieße auf einen Teller und glasieren sie mit der Pflaumensoße. Garnieren Sie die Spieße mit dem gerösteten Knoblauch und den Sesamsamen.

Salate

AUSTRALISCHER KARTOFFELSALAT

4 Port.

30 Min.

Leicht

Zutaten

1 Bund Frühlingszwiebeln
1 Bund Minze
1 Knoblauchzehe
3 EL Olivenöl
5 EL Zitronensaft
750 g Kartoffeln, möglichst kleine
1 TL Senf, scharf
1 TL Senf, süß
1 Prise Salz
1 Prise Pfeffer

Nährwerte p. P.

275 kcal
36 g Kohlenhydrate
12 g Fett
4 g Eiweiß

1 Spülen Sie die Minze ab und entfernen Sie die Blätter.

2 Pellen Sie den Knoblauch und hacken Sie ihn in feine Stücke. Säubern Sie die Frühlingszwiebeln und hacken Sie sie in kleine Stücke.

3 Geben Sie die Kartoffeln mit Schale und den Minzblättern in einen Topf mit Salzwasser und kochen Sie sie, bis sie gar sind.

4 Füllen Sie das Olivenöl, den Senf, den Pfeffer und den Zitronensaft in eine Schüssel und verrühren Sie alles zu einem Dressing. Mischen Sie die Zwiebeln und den Knoblauch dazu.

5 Nach der Garzeit pellen Sie die Kartoffeln und schneiden sie in Scheiben. Füllen Sie die Kartoffelscheiben in eine Schüssel und geben Sie sofort das Dressing darüber.

Tipp: Dieser Salat wird lauwarm als Beilage zu gegrilltem Fleisch gegessen.

COLESLAW (AUSTRALISCHER KRAUTSALAT)

4 Port.

135 Min.

Mittel

Zutaten

Salat:

1 Zwiebel
½ Weißkohl
1 Möhre

Dressing:

2 EL Zitronensaft
½ Tasse Mayonnaise
¼ Tasse Zucker
2 EL Essig
⅓ Tasse Milch
1 Prise Pfeffer
1 Prise Salz

Nährwerte p. P.

247 kcal
11 g Kohlenhydrate
21 g Fett
3 g Eiweiß

1 Säubern Sie das Gemüse und zerkleinern Sie es, wenn möglich, mit einer Küchenmaschine.

2 Für das Dressing verrühren Sie in einer Rührschüssel alle Zutaten miteinander. Schmecken Sie es mit Salz und Pfeffer ab.

3 Nun mischen Sie das Gemüse unter das Dressing und stellen den Salat für etwa 2 Stunden in den Kühlschrank.

Tipp: Sie können den Krautsalat für etwa 3 Tage im Kühlschrank aufbewahren.

SÜẞKARTOFFELSALAT MIT RUCOLA

4 Port.

45 Min.

Leicht

Zutaten

250 g Rucola
200 g Süßkartoffeln
4 EL Pistazien
7 EL Olivenöl
1 TL Honig, flüssig
2 Avocados
1 EL Weißweinessig
3 EL Zitronensaft
½ TL Senf, mittelscharf
Salz
Pfeffer

Nährwerte p. P.

482 kcal
21 g Kohlenhydrate
41 g Fett
8 g Eiweiß

1 Heizen Sie den Backofen mit Grillfunktion auf.

2 Säubern Sie die Süßkartoffeln und schneiden Sie sie in Spalten. Geben Sie die Kartoffelspalten auf ein Blech mit Backpapier und bepinseln Sie sie mit 1 Esslöffel Olivenöl. Grillen Sie die Kartoffeln für etwa 15 bis 25 Minuten im Backofen, bis sie gar sind.

3 In der Zwischenzeit spülen Sie den Rucola ab. Schneiden Sie die Avocados zur Hälfte durch und entnehmen Sie den Kern. Schneiden Sie das Fleisch der Avocados in mundgerechte Würfel. Füllen Sie es in eine Schüssel und träufeln Sie 1 Esslöffel Zitronensaft darüber.

4 Geben Sie den übrigen Zitronensaft mit dem übrigen Olivenöl in eine Schüssel. Vermischen Sie beides mit dem Honig, dem Senf und dem Essig zu einem Dressing. Schmecken Sie es mit Salz und Pfeffer ab.

5 Holen Sie die Kartoffeln aus dem Backofen. Stellen Sie sie zum leichten Abkühlen beiseite, bevor Sie sie auf 4 Teller verteilen. Geben Sie auf jeden Teller etwas vom Rucola und richten Sie die Avocadostücke darauf an. Streuen Sie die Pistazien darüber und träufeln Sie etwas vom Dressing über den Salat.

BLATTSALAT MIT HALLOUMI

4 Port.

45 Min

Leicht

Zutaten

Dressing:

1 TL Weißweinessig
2 EL Orangensaft
1 EL Olivenöl
1 Prise Pfeffer
1 Prise Salz

Salat:

200 g Halloumi
4 Nektarinen
1 Pck. Rucola oder Blattsalat
1 TL Zitronensaft
etwas Zucker, braun
etwas Butter

Nährwerte p. P.

302 kcal
17 g Kohlenhydrate
19 g Fett
14 g Eiweiß

1 Heizen Sie den Backofen mit Grillfunktion auf.

2 Spülen Sie den Salat ab und geben Sie ihn zum Abtropfen in ein Küchensieb.

3 Erhitzen Sie die Butter in einer Pfanne. Geben Sie den Zucker dazu und rühren Sie so lange, bis er geschmolzen ist. Anschließend füllen Sie den Zitronensaft hinzu.

4 Schneiden Sie 2 Nektarinen in Hälften, die anderen in Spalten. Tauchen Sie die Hälften mit der Schnittkante in Rohrzucker und legen Sie sie in die Pfanne. Karamellisieren Sie die Nektarinenhälften. Nehmen Sie die Hälften heraus und geben Sie die Nektarinenspalten zum Karamellisieren in die Zuckermischung. Anschließend nehmen Sie auch die Spalten wieder aus der Pfanne.

5 Schneiden Sie den Käse in etwa 2 Zentimeter dicke Scheiben und grillen Sie ihn im Backofen, bis er eine knusprige Oberfläche bekommt.

6 In der Zwischenzeit rühren Sie den Essig, das Öl und den Orangensaft zu einer Marinade zusammen. Geben Sie den Rückstand vom Karamellisieren aus der Pfanne zum Dressing und würzen Sie es mit Salz und Pfeffer.

7 Zum Servieren richten Sie den Salat auf 4 Tellern an. Verteilen Sie die Nektarinen und den Käse darauf und geben Sie etwas Dressing auf den Salat.

Tipp: Servieren Sie ein australisches Brot zum Salat.

OUTBACK-SALAT

 10 Port.

 60 Min.

 Leicht

Zutaten

2 Blutorangen
2 Broccoli
5 Avocados
2 Rettiche, rot
3 Radicchio
200 g Sprossen, gemischt
500 g Quinoa
500 ml Kräuterdressing
1 l Brühe

Nährwerte p. P.

524 kcal
42 g Kohlenhydrate
31 g Fett
12 g Eiweiß

1 Schälen Sie die Rettiche und schneiden Sie sie in Scheiben. Sollten sie zu dick sein, halbieren Sie sie vorher. Säubern Sie die Avocados und schneiden Sie sie in Scheiben. Schneiden Sie die Orangen zur Hälfte durch und danach in Scheiben. Geben Sie die Sprossenmischung in ein Küchensieb und spülen Sie sie gut ab. Säubern Sie den Radicchio und schneiden Sie ihn in schmale Streifen. Entfernen Sie den Strunk vom Broccoli.

2 Erhitzen Sie die Brühe und gießen Sie sie zum Einweichen über die Quinoa. Nach 20 Minuten geben Sie die Quinoa zum Abtropfen in ein Küchensieb.

3 Erhitzen Sie etwas Salzwasser in einem Topf und blanchieren Sie darin die Brocciliröschen.

4 Zum Servieren richten Sie alle Zutaten auf einem Teller an und geben das Dressing darüber. Nach Belieben garnieren Sie den Salat mit Kräutern oder gerösteten Kernen/Nüssen.

WOMBOK-SALAT

6 Port.

60 Min.

Leicht

Zutaten

1 Chinakohl, alternativ Weißkohl
125 g Woknudeln
50 g Pinienkerne
100 g Mandeln, gehackt
2 Zwiebeln
3 TL Sesamsamen
etwas Agavendicksaft
etwas Balsamico, weiß
etwas Sojasoße
etwas Öl
2 Prisen Salz

Nährwerte p. P.

301 kcal
29 g Kohlenhydrate
15 g Fett
10 g Eiweiß

1 Erhitzen Sie eine Pfanne ohne Fettzugabe und rösten Sie darin die Pinienkerne und die Mandeln. Stellen Sie die Pfanne beiseite.

2 Säubern Sie den Kohl und schneiden Sie ihn in feine Streifen. Pellen Sie die Zwiebeln und schneiden Sie sie in feine Stücke. Geben Sie die Woknudeln in eine hitzebeständige Schüssel und gießen Sie heißes Wasser darüber. Stellen Sie sie für 6 Minuten beiseite. Anschließend geben Sie die Nudeln zum Abtropfen in ein Küchensieb.

3 Erhitzen Sie etwas Öl in einer großen Pfanne und braten Sie darin die Zwiebeln an. Fügen Sie die Nudeln dazu und vermischen Sie die Zutaten.

4 Geben Sie jeweils die gleiche Menge Sojasoße, Balsamico und Agavendicksaft mit zwei Prisen Salz in eine Schüssel und verrühren Sie alles zu einem Dressing.

5 Erhöhen Sie nun die Temperatur für die Nudelpfanne und braten Sie sie leicht knusprig. Fügen Sie das Dressing hinzu und mischen Sie mit einem Holzlöffel alles durch.

6 Nun geben Sie den Kohl in die Pfanne. Dünsten Sie alle Zutaten, bis sie die von Ihnen gewünschte Konsistenz erhalten haben.

7 Zum Servieren geben Sie den Pfanneninhalt in eine Schüssel und mischen die Sesamsamen und die gerösteten Kerne unter.

AVOCADO-SALAT MIT MEERESFRÜCHTEN

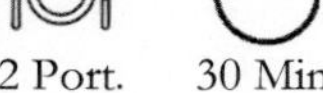

2 Port. 30 Min. Mittel

Zutaten

2 Avocados
450 g Meeresfrüchte-Mix
50 ml Weißwein, trocken
2 Limetten
2 Schalotten
2 EL Olivenöl
1 Knoblauchzehe
1½ TL Meersalz
1 Prise Pfeffer

Nährwerte p. P.

784 kcal
28 g Kohlenhydrate
52 g Fett
39 g Eiweiß

1 Säubern Sie die Meeresfrüchte und stellen Sie sie beiseite. Pellen Sie die Schalotten und den Knoblauch und schneiden Sie beides in feine Stücke. Pressen Sie die Limetten aus. Säubern Sie die Avocados und holen Sie das Fruchtfleisch aus der Schale. Schneiden Sie es in Würfel.

2 Erhitzen Sie die Hälfte des Öles in einer Pfanne und dünsten Sie darin die Schalotten und den Knoblauch an. Geben Sie die Meeresfrüchte dazu und braten Sie alle Zutaten bei mittlerer Temperatur für etwa 8 Minuten. Füllen Sie den Wein in die Pfanne. Schmecken Sie die Speise mit ½ TL Salz, dem Pfeffer und der Hälfte des Limettensaftes ab.

3 Geben Sie die Avocadowürfel in eine Schüssel und rühren Sie den restlichen Limettensaft und 1 TL Salz hinein.

4 Zum Schluss geben Sie den Meeresfrüchte-Mix aus der Pfanne sowie das restliche Olivenöl zu den Avocadowürfeln und vermischen alle Zutaten vorsichtig miteinander.

Hauptgerichte mit Fleisch und Geflügel

AUSTRALISCHES APRIKOSENHÜHNCHEN

2 Port. 45 Min. Leicht

Zutaten

450 ml Aprikosennektar
60 g Butter
2 Hähnchenbrustfilets
1 Paprika, grün
2 Zwiebeln
150 g Aprikosen, getrocknet
1 EL Speisestärke
1 Prise Pfeffer
1 Prise Salz
Crème fraîche

Nährwerte p. P.

934 kcal
97 g Kohlenhydrate
34 g Fett
55 g Eiweiß

1 Pellen Sie die Zwiebeln und schneiden Sie sie in kleine Würfel. Säubern Sie die Paprika und schneiden Sie sie in kleine Stücke. Schneiden Sie die Aprikosen in kleine Würfel.

2 Erhitzen Sie die Butter in einer Pfanne und braten Sie darin die Hähnchenfilets von beiden Seiten. Nehmen Sie sie aus der Pfanne und halten Sie sie im Backofen warm.

3 Braten Sie im Bratfett die Zwiebeln glasig an. In der Zwischenzeit verrühren Sie die Speisestärke mit dem Aprikosennektar. Gießen Sie die Mischung in die Pfanne und kochen Sie sie kurz auf. Würzen Sie mit Salz und Pfeffer.

4 Nun geben Sie die kleingeschnittenen Aprikosen und das Fleisch in die Pfanne. Köcheln Sie die Speise bei niedriger Temperatur, bis das Fleisch fast gar ist. Fügen Sie die Paprikawürfel dazu und köcheln Sie alles für weitere 5 Minuten.

5 Zum Servieren geben Sie etwas Crème fraîche auf die Speise.

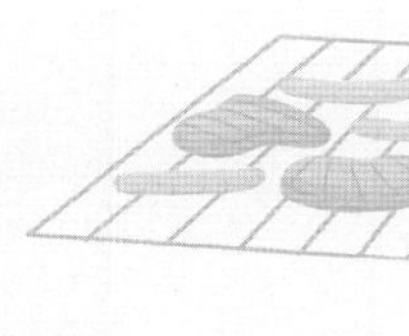

STEAK AUF KARTOFFELGRATIN

2 Port.

60 Min.

Leicht

Zutaten

2 Steaks à 150 g
500 g Kartoffeln, festkochend
250 ml Kochsahne
125 ml Geflügelfond
125 ml Rotwein
50 g Parmesan
1 TL Dinkelmehl
1 Knoblauchzehe
1 TL Majoran
5 Wacholderbeeren
1 EL Butter
1 Prise Salz
1 Prise Pfeffer

Nährwerte p. P.

827 kcal
53 g Kohlenhydrate
41 g Fett
55 g Eiweiß

1 Heizen Sie den Backofen auf 160 °C Umluft vor.

2 Schälen Sie die Kartoffeln und schneiden Sie sie in dünne Scheiben. Pellen Sie den Knoblauch und schneiden Sie ihn in zwei Hälften. Reiben Sie mit dem Knoblauch eine Auflaufform ein und schichten Sie anschließend die Kartoffeln wie Dachziegel hinein. Würzen Sie jede Schicht mit Salz und Pfeffer.

3 Geben Sie die Sahne in eine Rührschüssel und mischen Sie den Parmesan und den Majoran unter. Gießen Sie die Mischung über die Kartoffelscheiben.

4 Garen Sie das Kartoffelgratin für etwa 40 Minuten.

5 In der Zwischenzeit würzen Sie das Fleisch mit Salz und Pfeffer.

6 Erhitzen Sie die Butter in einer Pfanne und braten Sie die Steaks von beiden Seiten für je 4 Minuten. Nach Belieben können Sie das Fleisch auch länger oder kürzer braten. Anschließend wickeln Sie die Steaks in Alufolie ein und stellen Sie zum Ruhen beiseite.

7 Rühren Sie das Mehl in die Pfanne und löschen Sie es mit dem Rotwein und dem Geflügelfond ab. Rühren Sie alles mit einem Schneebesen durch, bis eine glatte Soße entsteht. Fügen Sie die Wacholderbeeren dazu und kochen Sie die Flüssigkeit sämig ein. Würzen Sie die Soße mit Salz und Pfeffer.

8 Holen Sie die Steaks aus der Folie und geben Sie den Bratensaft in die Soße. Schneiden Sie das Fleisch auf und servieren Sie es mit der Soße und dem Kartoffelgratin.

FILET MIT GEBRATENEN ÄPFELN

4 Port.

45 Min.

Mittel

Zutaten

100 ml Rotwein, trocken
200 ml Geflügelfond
600 g Filet nach Bedarf
2 Äpfel
1 EL Vollrohrzucker
2 EL Rapsöl
4 EL Butter
60 g Macadamia-Nüsse, gehackt
1 Prise Salz
1 Prise Pfeffer

Nährwerte p. P.

535 kcal
20 g Kohlenhydrate
33 g Fett
37 g Eiweiß

1 Heizen Sie den Backofen auf 80 °C Umluft vor.

2 Waschen und trocknen Sie das Filet und schneiden Sie es in 4 gleich große Stücke. Würzen Sie es mit Salz und Pfeffer. Säubern Sie die Äpfel und entkernen Sie sie. Schneiden Sie die Äpfel in möglichst dünne Spalten.

3 Erhitzen Sie das Öl in einer Pfanne und braten Sie die Filetstücke bei hoher Temperatur von beiden Seiten an. Anschließend holen Sie es aus der Pfanne und legen es auf den Backofenrost. Schieben Sie es in den Backofen und platzieren Sie eine Fettpfanne darunter. Lassen Sie es für 20 Minuten ziehen.

4 Geben Sie nun den Rotwein und den Geflügelfond in das Bratfett. Köcheln Sie die Flüssigkeit bis zur Hälfte ein.

5 Währenddessen erhitzen Sie eine weitere Pfanne ohne Fettzugabe und rösten darin die Macadamia-Nüsse. Danach stellen Sie die Pfanne beiseite.

6 Erhitzen Sie in einer dritten Pfanne 2 Esslöffel Butter und braten Sie darin die Apfelspalten für etwa 3 Minuten von allen Seiten an. Streuen Sie den Zucker über die Äpfel und füllen Sie 2 EL Wasser hinzu. Glasieren Sie die Äpfel für ein paar Minuten.

7 Holen Sie das Filet aus dem Backofen und stellen Sie es kurz zum Ruhen beiseite. Geben Sie die übrige Butter in die eingekochte Soße und würzen Sie sie mit Salz und Pfeffer.

8 Zum Servieren richten Sie die Filetstücke auf einem Teller an und geben etwas Soße darüber. Garnieren Sie es mit den Äpfeln und den gerösteten Nüssen.

AUSTRALIAN LAMB-KEBAB (LAMM-SPIEßE)

4 Port.

60 Min.

Leicht

Zutaten

4 Maiskolben
400 g Lammfleisch (Schulter, Keule)
2 Knoblauchzehen
8 EL Olivenöl
1 EL Butter
1 Zucchini
½ Zitrone
1 TL Petersilie
1 Paprika, rot
1 Chilischote, rot
½ TL Pfeffer
1 Prise Salz

Nährwerte p. P.

447 kcal
7 g Kohlenhydrate
32 g Fett
32 g Eiweiß

1 Heizen Sie den Backofen auf 170 °C Ober-/Unterhitze vor.

2 Geben Sie auf jeden Maiskolben etwas Butter und wickeln Sie sie einzeln in Alufolie ein. Garen Sie die Maiskolben im Backofen. Nehmen Sie sie nach der Garzeit heraus und stellen Sie sie zum Abkühlen beiseite.

3 In der Zwischenzeit pellen Sie den Knoblauch und hacken ihn in feine Stücke. Waschen Sie die Chilischote und hacken Sie sie in feine Stücke. Spülen Sie die Petersilie ab und hacken Sie sie ebenfalls in feine Stücke. Säubern Sie die Zitrone und reiben Sie die Schale ab. Anschließend pressen Sie den Saft in eine Schüssel.

4 Geben Sie die Chilistücke, die Petersilie, den Knoblauch, die Zitronenschale, den Pfeffer und das Olivenöl zum Zitronensaft und mischen Sie alles gut durch.

5 Schneiden Sie nun die Maiskolben in etwa 2 Zentimeter dicke Scheiben. Säubern Sie die Paprika und schneiden Sie sie in mundgerechte Würfel. Waschen Sie die Zucchini ab und schneiden Sie sie in etwa 2 Zentimeter dicke Scheiben. Entfernen Sie eventuell vorhandene Knochen vom Fleisch und schneiden Sie es in etwa 4 Zentimeter große Würfel.

6 Geben Sie das Fleisch und die Gemüsestücke in die Schüssel mit der Marinade. Stellen Sie sie für etwa 1 Stunde zum Ziehen beiseite.

7 Heizen Sie den Backofen auf 200 °C Ober-/Unterhitze vor.

8 Anschließend stecken Sie immer abwechselnd ein Stück Fleisch und ein Stück Gemüse auf einen Schaschlikspieß. Würzen Sie jeden Spieß mit Salz.

9 Garen Sie die Lammspieße für etwa 10 Minuten im Backofen. Stellen Sie nun das Gerät aus und belassen Sie die Spieße noch für 5 Minuten im Backofen

Tipp: Servieren Sie Reis und/oder Salat dazu.

SESAMSCHNITZEL

4 Port.

35 Min.

Leicht

Zutaten

130 ml Öl
400 g Schnitzel vom Schwein
1 Ei
30 g Paniermehl
30 g Sesamsamen
60 g Mehl
1 Prise Salz
1 Prise Pfeffer

Nährwerte p. P.

503 kcal
15 g Kohlenhydrate
37 g Fett
27 g Eiweiß

1 Würzen Sie die Schnitzel mit Salz und Pfeffer. Geben Sie auf jeweils einen Teller das Mehl, das Paniermehl mit dem Sesam und das verquirlte Ei.

2 Wenden Sie jedes Schnitzel einzeln erst im Mehl, dann im Ei und zuletzt in der Paniermehl-Sesam-Mischung. Drücken Sie die Panade gut an.

3 Erhitzen Sie das Öl in einer Pfanne und garen Sie darin die Schnitzel von jeder Seite, bis sie eine goldgelbe Farbe angenommen haben.

Tipp: Servieren Sie dazu Bratkartoffeln und/oder Salat.

AUSTRALISCHER HACKBRATEN

8 Port.

90 Min.

Leicht

Zutaten

500 g Schweinemett
500 g Hackfleisch, gemischt
1 EL Petersilie
1 Tasse Paniermehl
1 Tasse Wasser
½ Tasse Milch
½ Tasse Ketchup
1 TL Currypulver
1 Ei
50 ml Rotwein
¼ Tasse Zucker, braun
1 Knoblauchzehe
50 ml Worcestershiresoße
2 EL Weißweinessig
2 EL Butter
3 Zwiebeln
2 TL Zitronensaft
1 EL Kaffeepulver, Instant
1 Prise Salz
1 Prise Pfeffer

Nährwerte p. P.

450 kcal
19 g Kohlenhydrate
30 g Fett
24 g Eiweiß

1 Heizen Sie den Backofen auf 200 °C Umluft vor. Pellen Sie die Zwiebeln und den Knoblauch und schneiden Sie beides in kleine Würfel.

2 Geben Sie das Mett und das Hackfleisch in eine Rührschüssel und vermischen Sie beides gut miteinander. Geben Sie die Würfel einer Zwiebel mit dem Paniermehl, der Petersilie, dem Currypulver, den Knoblauchwürfeln, dem Ei sowie etwas Salz und Pfeffer dazu und stellen Sie einen Hackfleischteig her. Geben Sie nun nach und nach die Milch dazu. Es soll ein glatter, aber dennoch fester Teig entstehen. Formen Sie ihn zu einem Laib und setzen Sie ihn in eine Auflaufform. Garen Sie das Hackfleisch für etwa 30 Minuten auf der mittleren Schiene im Backofen.

3 In der Zwischenzeit erhitzen Sie die Butter in einer Pfanne. Dünsten Sie darin die restlichen Zwiebelwürfel an. Anschließend füllen Sie das Wasser, den Rotwein, die Worcestershiresoße, den Zucker, den Essig, den Zitronensaft und den Ketchup sowie das Kaffeepulver dazu und kochen die Zutaten einmal auf. Stellen Sie die Temperatur herab und köcheln Sie die Soße für etwa 10 bis 15 Minuten.

4 Nach der Garzeit des Hackbratens füllen Sie die halbe Menge der Soße darüber und garen ihn für weitere 45 Minuten. Bestreichen Sie ihn zwischendurch immer wieder mit der übrigen Soße.

5 Zum Servieren schneiden Sie den Hackbraten in Scheiben und richten ihn mit der Soße auf einem Teller an.

AUSTRALISCHES RINDFLEISCHCURRY

4 Port.

120 Min.

Leicht

Zutaten

600 ml Fleischbrühe
800 g Rindergulasch
2 Zwiebeln
1 Chilischote
1 Apfel
15 g Ingwer, frisch
40 g Sultaninen
20 g Kokosraspel
3 EL Öl
2 EL Currypulver
3 EL Mehl
2 EL Koriander, frisch
1 TL Kurkuma
1 TL Koriander, gemahlen
1 TL Salz
½ TL Pfeffer

Nährwerte p. P.

631 kcal
25 g Kohlenhydrate
38 g Fett
44 g Eiweiß

1 Heizen Sie den Backofen auf 180 °C Umluft vor. Pellen Sie die Zwiebeln und schneiden Sie sie in feine Würfel. Schälen Sie den Ingwer und schneiden Sie ihn in kleine Würfel. Säubern Sie die Chilischote und schneiden Sie sie in kleine Würfel.

2 Spülen Sie das Gulasch ab und trocknen Sie es mit Küchenpapier. Anschließend wenden Sie es im Mehl.

3 Erhitzen Sie das Öl in einem ausreichend großen und backofengeeigneten Topf und braten Sie das Fleisch darin portionsweise an. Nehmen Sie es wieder heraus und stellen Sie es beiseite.

4 Dünsten Sie die Zwiebeln im Bratensatz an. Geben Sie den Ingwer und die Chilischote dazu und braten Sie beides kurz mit. Würzen Sie die Zutaten mit Salz, Pfeffer, Kurkuma und gemahlenem Koriander sowie dem Currypulver. Füllen Sie zum Ablöschen die Brühe in den Topf.

5 Geben Sie nun das Fleisch samt Bratensaft wieder in den Topf und stellen Sie den Topf abgedeckt für etwa 1 Stunde in den Backofen.

6 Währenddessen schälen Sie den Apfel, entfernen die Kerne und schneiden ihn in Würfel. Mischen Sie die Apfelwürfel mit den Sultaninen und den Kokosraspeln. Geben Sie diese Mischung nach der Kochzeit in den Topf und mischen Sie sie unter die Zutaten.

7 Garen Sie die Speise für weitere 30 Minuten ohne Deckel. Zum Servieren streuen Sie ein paar gehackte Korianderblätter über das Rindfleischcurry.

CHILI

4 Port.

60 Min.

Leicht

Zutaten

1 kg Schweinefleisch
1 EL Pfefferpaste, grün, aus der Tube
1 EL Akaziensamen
3 EL Paprikapaste aus der Tube
300 ml kräftige Hühnerbrühe
4 EL Tomatenmark
1 EL Chilifäden

Nährwerte p. P.

485 kcal
3 g Kohlenhydrate
15 g Fett
85 g Eiweiß

1 Bitten Sie den Metzger, Ihnen das Schweinefleisch durch den Wolf zu drehen.

2 Braten Sie das Hackfleisch in einer Pfanne ohne Fettzugabe krümelig an.

3 Geben Sie alle weiteren Zutaten in die Pfanne und verrühren Sie alles miteinander. Legen Sie einen Deckel auf die Pfanne und köcheln Sie die Speise bei mittlerer Temperatur für etwa 45 Minuten.

LAMB CHOPS (GEGRILLTE LAMMKOTELETTS)

3 Port.

60 Min.

Leicht

Zutaten

3 EL Olivenöl
1 TL Zitronensaft
1 EL Petersilie
600 g Lammkoteletts
1 Prise Pfeffer
1 Prise Kreuzkümmel
1 Prise Estragon, getrocknet
1 Prise Knoblauchpulver
1 Prise Salz

Nährwerte p. P.

329 kcal
0 g Kohlenhydrate
48 g Fett
36 g Eiweiß

1 Schneiden Sie den Fettrand der Koteletts mehrmals ein. Spülen Sie die Petersilie ab und hacken Sie sie in feine Stücke.

2 Geben Sie das Olivenöl und den Zitronensaft in eine Schüssel und verrühren Sie beides miteinander. Würzen Sie die Marinade mit den Gewürzen und heben Sie die Petersilie unter.

3 Legen Sie die Lammkoteletts in eine Schale und streichen Sie die Marinade darüber. Stellen Sie das Fleisch zum Ziehen für eine Stunde in den Kühlschrank.

4 Grillen oder braten Sie die Koteletts je 3 Minuten pro Seite. Anschließend würzen Sie sie mit Salz.

Hauptgerichte mit Fisch und Meeresfrüchten

TASMANISCHES LACHSFILET MIT KRÄUTERBEIZE

1 Lachsseite

20 Minuten + 2 Tage Beizzeit

Leicht

Zutaten

2 Bund Portulak
200 g Meersalz, grob
½ TL Myrte oder Zitronengras
½ TL Pfeffer, gemahlen
2 EL Zucker
1 Lachsseite à 750 g, mit Haut, ohne Gräten

Nährwerte p. Lachsseite

1203 kcal
38 g Kohlenhydrate
65 g Fett
116 g Eiweiß

1 Spülen Sie den Portulak ab und hacken Sie ihn in feine Stücke. Mischen Sie ihn mit dem Salz, dem Pfeffer, dem Zucker und der Myrte (Zitronengras).

2 Legen Sie die Lachsseite auf eine geeignete Platte. Streichen Sie die Hälfte der soeben hergestellten Beize darauf.

3 Geben Sie die übrige Beize in eine ausreichend große Form und legen Sie die Lachsseite mit der Haut nach unten auf die Beize. Bedecken Sie die Form mit Frischhaltefolie und stellen Sie sie für 48 Stunden in den Kühlschrank. Drehen Sie die Lachsseite nach 24 Stunden um.

THUNFISCH-CURRY

1 Port.

30 Min.

Leicht

Zutaten

1 Dose Thunfisch (ca. 200 g)
5 EL Joghurt, natur
200 g Reis
1 EL Currypulver
1 EL Zitronensaft
Petersilie nach Bedarf zum Garnieren

Nährwerte p. P.

1002 kcal
153 g Kohlenhydrate
18 g Fett
54 g Eiweiß

1 Spülen Sie die Petersilie ab. Kochen Sie den Reis nach Packungsanleitung.

2 Füllen Sie den Zitronensaft, den Joghurt und das Currypulver sowie den Thunfisch in eine Schüssel und vermischen Sie alles miteinander.

3 Zum Servieren richten Sie den Reis auf einem Teller an und geben die Thunfischmischung darauf. Garnieren Sie die Speise nach Wunsch mit Petersilie.

OFEN-SNAPPER

2 Port. 90 Min. Leicht

Zutaten

Fisch:

2 Snapper (alternativ Dorade), küchenfertig
20 g Brunnenkresse nach Belieben
etwas Öl

Kräutersoße:

3 EL Rapsöl
3 EL Olivenöl
2 TL Korianderkörner
½ Bund Kerbel
½ Bund Petersilie
½ Bund Koriander
1 Prise Salz
1 Prise Pfeffer

Tomatensoße:

3 EL Olivenöl
3 Schalotten
1 TL Zitronensaft
1 kg Strauchtomaten
1 Knoblauchknolle
½ Bund Thymian
1 Prise Salz
1 Prise Pfeffer

Tomatensoße:

1 Heizen Sie den Backofen auf 160 °C Umluft vor.

2 Säubern Sie die Tomaten und schneiden Sie sie in Hälften. Entfernen Sie die Kerne. Pellen Sie die Schalotten und schneiden Sie sie in kleine Würfel. Pellen Sie nur die losen Schalenteile von der Knoblauchknolle und halbieren Sie sie. Spülen Sie den Thymian ab und schütteln Sie ihn etwas trocken.

3 Geben Sie die soeben vorbereiteten Zutaten in eine mit Öl eingefettete Auflaufform. Backen Sie sie für etwa 25 Minuten. Anschließend nehmen Sie die Knoblauchhälften heraus und garen die Zutaten für weitere 20 Minuten.

4 Drücken Sie mit einer Gabel die Knoblauchzehen aus der Schale heraus. Geben Sie den Knoblauch in eine Schüssel und füllen Sie das Olivenöl und den Zitronensaft dazu. Pürieren Sie die Zutaten mit einem Pürierstab zu einer glatten Masse. Würzen Sie mit Salz und Pfeffer und stellen Sie die Schüssel beiseite.

5 Nehmen Sie die Auflaufform aus dem Backofen. Entfernen Sie die Haut der Tomaten und geben Sie das Fruchtfleisch mit den Schalotten und dem Thymian in einen Topf. Köcheln Sie die Zutaten bei mittlerer Temperatur, bis eine sämige Masse entsteht. Anschließend pürieren Sie alles mit dem Pürierstab und würzen die Soße mit Salz und Pfeffer.

Nährwerte p. P.

790 kcal
16 g Kohlenhydrate
53 g Fett
62 g Eiweiß

Kräutersoße:

Geben Sie die Korianderkörner in einen Mörser und zerkleinern Sie sie. Spülen Sie die Kräuter ab und entfernen Sie die Blätter. Hacken Sie sie in feine Stücke. Geben Sie die beiden Ölsorten in eine Rührschüssel und fügen Sie die Kräuter und die zermahlenen Korianderkörner hinzu. Verrühren Sie alles miteinander und würzen Sie die Soße mit Salz und Pfeffer.

Fisch:

1 Heizen Sie den Backofen auf 180 °C Umluft vor. Verfügt Ihr Backofen über eine Grillfunktion, schalten Sie diese dazu. Bestreichen Sie ein Backblech mit Öl.

2 Säubern Sie den Fisch und schneiden Sie ihn auf beiden Seiten zweimal ein. Legen Sie die Fische auf das Backblech und schieben Sie es auf die mittlere Schiene des Backofens.

3 Grillen Sie den Fisch von jeder Seite für je 3 Minuten. Anschließend schalten Sie die Grillfunktion ab. Garen Sie ihn für etwa 10 Minuten. Wenn Sie die Rückenflosse leicht entfernen können, ist der Fisch gar.

Servieren:

Richten Sie den Fisch auf einem Teller an und bestreichen Sie ihn sofort mit der anfangs hergestellten Knoblauchpaste. Geben Sie die Tomatensoße über den Fisch und träufeln Sie etwas von der Kräutersoße darüber. Garnieren Sie die Speise gegebenenfalls mit der Brunnenkresse.

AUSTERN KILPATRICK (AUSTRALISCHES AUSTERN-GERICHT)

4 Port.

45 Min.

Leicht

Zutaten

12 Austern, geöffnete
40 g Speck, durchwachsen
4 Spritzer Worcestershiresoße
20 g Butter
1½ Zitronen, unbehandelt

Nährwerte p. P.

65 kcal
1 g Kohlenhydrate
5 g Fett
4 g Eiweiß

1 Heizen Sie den Backofen auf 180 °C Umluft vor.

2 Entfernen Sie eine eventuell vorhandene Schwarte vom Speck und schneiden Sie ihn in ganz kleine Würfel. Säubern Sie die Zitronen und schneiden Sie sie in Spalten.

3 Verteilen Sie die Austern auf einem mit Backpapier belegten Blech. Setzen Sie auf jede Auster 3 bis 4 Speckwürfel und 2 Butterflocken. Geben Sie kleine Spritzer Worcestershiresoße darauf und schieben Sie das Blech auf die mittlere Schiene des Backofens. Garen Sie die Muscheln für etwa 5 Minuten.

4 Anschließend schalten Sie die Grillfunktion dazu und gratinieren die Austern etwa 2 Minuten, bis der Speck knusprig geworden ist.

5 Zum Servieren richten Sie die Austern auf einem Teller an und garnieren sie mit den Zitronenvierteln.

LACHS MIT KOKOSNUSSSOSSE

4 Port.

30 Min.

Leicht

Zutaten

4 Lachsfilets à 180 g
250 g Schlagsahne
1 EL Kokosraspel
2 EL Sonnenblumenöl
1 EL Zitronensaft
1 Zwiebel
1 TL Currypulver
1 Prise Pfeffer
1 Prise Salz
1 Prise Zucker

Nährwerte p. P.

698 kcal
7 g Kohlenhydrate
55 g Fett
4 g Eiweiß

1 Würzen Sie den Fisch mit Salz und Pfeffer. Erhitzen Sie das Öl in einer Pfanne und braten Sie darin den Fisch für etwa 5 Minuten. Zwischendurch wenden Sie ihn auf die andere Seite. Nehmen Sie den Fisch aus der Pfanne und stellen Sie ihn zum Warmhalten beiseite.

2 Pellen Sie die Zwiebel und schneiden Sie sie in kleine Würfel. Braten Sie die Zwiebel im Bratfett vom Fisch glasig an und streuen Sie dann das Currypulver darüber. Gießen Sie die Sahne dazu und verrühren Sie alles miteinander. Köcheln Sie die Soße bei mittlerer Temperatur für etwa 5 Minuten.

3 Schmecken Sie die Soße mit Zucker, Salz und Pfeffer ab und geben Sie den Zitronensaft hinzu. Rühren Sie die Kokosraspel hinein und geben Sie den Fisch in die Pfanne. Stellen Sie sie zum Ziehen kurz beiseite.

Vegetarische/vegane Hauptgerichte

BLACK BEAN BURGER

VEGETARISCH

4 Port.

30 Min.

Leicht

Zutaten

120 ml Gemüsebrühe, heiß, zum Einweichen
1 Zwiebel
1 Pck. Sonnenblumenhack
3 EL Leinsamen, geschrotet
2 Knoblauchzehen
50 g Haferflocken
3 EL Wasser, heiß
400 g Bohnen, schwarz, aus der Konserve
1 EL Kreuzkümmelpulver
1 EL Tomatenmark
1 EL Paprikapulver
½ TL Pfeffer, schwarz
½ TL Meersalz
1 EL Öl
4 Scheiben Tomate
4 Burgerbrötchen
8 Zwiebelringe
4 TL Ketchup
4 Salatblätter

Nährwerte p. P.

587 kcal
103 g Kohlenhydrate
6 g Fett
30 g Eiweiß

1 Geben Sie das Sonnenblumenhack in eine Schüssel und gießen Sie die heiße Gemüsebrühe darüber. Rühren Sie kurz um und stellen Sie die Schüssel beiseite. Geben Sie die Leinsamen in eine weitere Schüssel und füllen Sie 3 Esslöffel heißes Wasser dazu. Rühren Sie einmal um und stellen Sie die Leinsamen beiseite.

2 Pellen Sie die Zwiebel und den Knoblauch und schneiden Sie beides in feine Stücke. Erhitzen Sie das Öl in einer Pfanne und braten Sie beides darin glasig an. Zerdrücken Sie die abgetropften Bohnen mit einer Gabel zu Mus.

3 Geben Sie die Haferflocken in eine Schüssel und pürieren Sie sie mit einem Pürierstab zu Mehl. Fügen Sie dann die Bohnen, das Sonnenblumenhack, die gebratene Zwiebelmischung, die Leinsamen, das Tomatenmark sowie die Gewürze dazu und vermischen Sie alles zu einem formbaren Teig. Sollte der Teig zu trocken werden, geben Sie etwas Ketchup dazu. Formen Sie aus dem „Hackteig“ 4 Burger-Pattys, sie sollten etwa 2 Zentimeter dick werden.

4 Erhitzen Sie eine Pfanne und braten Sie darin die Pattys von beiden Seiten, bis sie gar sind. Legen Sie die Burgerbrötchen auf den Toaster oder in den Backofen und rösten Sie sie kurz an.

5 Bestreichen Sie die Brötchenhälften mit Ketchup und legen Sie auf die Unterseiten jeweils ein Salatblatt. Drapieren Sie jeweils den Burger-Patty darauf und legen Sie eine Tomatenscheibe sowie die Zwiebelringe obenauf. Bedecken Sie jeden Burger mit der Oberseite des Brötchens.

SPAGHETTI JAFFLE

VEGETARISCH

4 Port.

30 Min.

Leicht

Zutaten

8 Scheiben Toastbrot
200 g Spaghetti
½ Zwiebel
1 EL Olivenöl
400 g stückige Tomaten, Konserve
1 Knoblauchzehe
40 g Butter
4 EL Käse, gerieben

Außerdem:

Sandwichmaker

Nährwerte p. P.

462 kcal
63 g Kohlenhydrate
16 g Fett
14 g Eiweiß

1 Kochen Sie die Spaghetti al dente. Anschließend geben Sie sie zum Abtropfen in ein Küchensieb.

2 Pellen Sie die Zwiebel und den Knoblauch. Schneiden Sie beides in feine Stücke.

3 Erhitzen Sie das Olivenöl in einer Pfanne und braten Sie darin die Zwiebel und den Knoblauch an. Fügen Sie die stückigen Tomaten hinzu. Köcheln Sie die Zutaten bei mittlerer Hitze für ein paar Minuten.

4 Geben Sie nun die Spaghetti in die Soße. Bestreichen Sie die Toastbrote mit Butter.

5 Verteilen Sie die Spaghetti und den geriebenen Käse auf 4 Brotscheiben. Legen Sie die übrigen 4 Brote obenauf.

6 Legen Sie die Brote in den Sandwichmaker und backen Sie sie, bis eine knusprige Oberfläche entsteht.

AUSTRALISCHER KAROTTEN-KUCHEN

VEGETARISCH

 12 Port.  60 Min.  Leicht

Zutaten

125 g Mehl
100 g Sultaninen
150 g Rohrzucker
400 g Frischkäse
120 g Walnüsse, gehackt
150 g Butter
250 g Möhren
½ TL Natron
½ TL Backpulver
250 g Puderzucker
2 Pck. Vanillezucker
125 ml Sonnenblumenöl
2 Eier
1 TL Zimt, gemahlen
etwas Paniermehl

Nährwerte p. P.

560 kcal
51 g Kohlenhydrate
37 g Fett
6 g Eiweiß

1 Heizen Sie den Backofen auf 180 °C Umluft vor.

2 Säubern Sie die Möhren und raspeln Sie sie mit einer Küchenreibe in eine Rührschüssel. Geben Sie das Mehl, das Natron, das Backpulver, die Sultaninen, den Zimt und die Walnusskerne dazu und vermischen Sie alles miteinander.

3 Schlagen Sie die Eier in eine weitere Schüssel und rühren Sie sie mit dem Rohrzucker zu einer schaumigen Masse. Fügen Sie das Öl hinzu und geben Sie die Eimischung zur Mehlmischung. Rühren Sie alle Zutaten zusammen.

4 Fetten Sie ein Backblech ein und bestreuen Sie es mit Paniermehl. Geben Sie den Teig auf das Backblech und verstreichen Sie ihn gleichmäßig.

5 Backen Sie den Teig für etwa 45 Minuten auf der mittleren Schiene des Backofens.

6 Währenddessen geben Sie den Frischkäse, den Vanillezucker, den Puderzucker und die weiche Butter in eine Schüssel und verrühren alles zu einer Creme.

7 Nach der Backzeit nehmen Sie den Kuchen aus dem Ofen und stellen ihn zum Abkühlen beiseite.

8 Anschließend verteilen Sie die Frischkäsecreme auf dem Kuchen und stellen ihn in den Kühlschrank.

9 Zum Servieren streuen Sie einige geraspelte Karotten darüber.

Beilagen

OVEN ROOTS (AUSTRALISCHES OFENGEMÜSE)

4 Port.

70 Min.

Leicht

Zutaten

500 g Kartoffeln, festkochend
500 g Möhren
250 g Zwiebeln
500 g Petersilienwurzeln
50 g Zucker, braun
100 g Butter
2 TL Zitronensaft
1 Bund Petersilie
1 Prise Muskatnuss
1 Prise Salz
1 Prise Pfeffer

Nährwerte p. P.

462 kcal
52 g Kohlenhydrate
22 g Fett
7 g Eiweiß

1 Pellen Sie die Zwiebeln und schneiden Sie sie in grobe Würfel. Schälen Sie die Möhren und die Kartoffeln sowie die Petersilienwurzeln. Schneiden Sie sie in 5 bis 6 Zentimeter lange Stifte. Heizen Sie den Backofen auf 175 °C Ober-/Unterhitze vor.

2 Kochen Sie die Kartoffeln und die Möhren für etwa 5 Minuten in Salzwasser. Anschließend fügen Sie die Petersilienwurzeln hinzu und kochen alles für weitere 3 Minuten. Gießen Sie das Gemüse zum Abtropfen in ein Küchensieb.

3 Mischen Sie das abgetropfte Gemüse mit dem Zucker und geben Sie es in eine Auflaufform.

4 Erhitzen Sie die Butter in einer Pfanne und dünsten Sie darin die Zwiebeln glasig an. Geben Sie sie dann zum Gemüse in die Auflaufform. Würzen Sie die Speise mit Salz, Pfeffer sowie Muskatnuss und vermischen Sie alles miteinander.

5 Schieben Sie die Auflaufform auf die mittlere Schiene des Backofens und garen Sie das Gemüse für etwa 30 Minuten.

6 In der Zwischenzeit spülen Sie die Petersilie ab und hacken sie in feine Stücke. Mischen Sie sie mit dem Zitronensaft. Geben Sie diese Mischung zum Servieren über das Ofengemüse.

KARTOFFEL FRITES

4 Port.

55 Min.

Leicht

Zutaten

1 EL Salz
1 EL Pfeffer
1 EL Paprikapulver
1 kg Kartoffeln
3 EL Olivenöl

Nährwerte p. P.

330 kcal
47 g Kohlenhydrate
12 g Fett
6 g Eiweiß

1 Heizen Sie den Backofen auf 200 °C Umluft vor.

2 Waschen Sie die Kartoffeln und schneiden Sie sie in Viertel.

3 Geben Sie das Olivenöl in eine Schüssel und fügen Sie alle Gewürze dazu. Vermischen Sie alles zu einer Marinade.

4 Legen Sie die Kartoffelviertel auf ein mit Backpapier ausgelegtes Blech und geben Sie die Marinade darüber.

5 Garen Sie die Kartoffeln für etwa 40 Minuten im Backofen.

AUSTRALISCHE KARTOFFELPUFFER

4 Port.

100 Min.

Leicht

Zutaten

250 g Mehl
5 Kartoffeln, groß
100 ml Wasser
2 TL Backpulver
50 g Mehl für die Kartoffeln
1 TL Salz
1 l Frittierfett
1 Prise Pfeffer

Nährwerte p. P.

341 kcal
71 g Kohlenhydrate
1 g Fett
10 g Eiweiß

1 Schälen Sie die Kartoffeln und schneiden Sie sie in etwa 5 Millimeter dicke Scheiben. Spülen Sie sie kurz ab und trocknen Sie sie mit einem Stück Küchenpapier. Erhitzen Sie das Frittierfett auf etwa 150 °C in einem Topf oder in einer Fritteuse.

2 Geben Sie 250 g Mehl mit dem Backpulver, dem Salz und dem Pfeffer in eine Rührschüssel und vermengen Sie alles miteinander. Füllen Sie das Wasser hinzu und stellen Sie einen glatten Teig her.

3 Füllen Sie die kleinere Menge Mehl auf einen Teller und wenden Sie die Kartoffelscheiben darin. Anschließend tauchen Sie die Kartoffelscheiben in den Teig.

4 Geben Sie die Kartoffelscheiben in das heiße Öl und frittieren Sie sie für etwa 5 bis 8 Minuten, bis sie eine hellbraune Farbe angenommen haben. Entfetten Sie sie auf einem Stück Küchenpapier und erhöhen Sie die Temperatur des Öles auf etwa 180 °C.

5 Geben Sie die schon frittierten Kartoffelscheiben abermals in das heiße Öl und frittieren Sie sie, bis sie eine goldbraune Farbe angenommen haben.

6 Anschließend legen Sie die Kartoffelscheiben auf ein Stück Küchenpapier und füllen sie dann in eine Servierschüssel. Streuen Sie etwas Salz darüber.

BANANEN-SAMBAL

3 Port.

15 Min.

Leicht

Zutaten

20 g Kokosraspel
1 TL Zitronensaft
2 Bananen

Nährwerte p. P.

137 kcal
23 g Kohlenhydrate
5 g Fett
1 g Eiweiß

1 Schälen Sie die Bananen und schneiden Sie sie in Scheiben. Geben Sie die Scheiben in eine passende Schüssel und träufeln Sie den Zitronensaft darüber. Anschließend geben Sie die Kokosraspel auf die Bananenscheiben und schütteln sie ein wenig hin und her.

2 Geben Sie nun die Bananenscheiben in eine Servierschüssel.

Tipp: Das Bananen-Sambal ist eine geeignete Beilage zu scharfen Currys, denn es mildert die Schärfe. Auch als Beilage zu Fleischgerichten ist es geeignet.

Fingerfood & Snacks

FRITTIERTE HÄHNCHENTEILE

4 Port. 35 Min. Leicht

Zutaten

80 g Mehl
4 Brötchen, alt (alternativ etwas Paniermehl)
12 Hähnchenunterkeulen
2 Eier
Öl zum Frittieren
1 Prise Pfeffer
1 Prise Salz
1 Prise Paprikapulver, edelsüß

Nährwerte p. P.

1375 kcal
43 g Kohlenhydrate
81 g Fett
119 g Eiweiß

1 Säubern Sie das Fleisch und entfernen Sie die Haut.

2 Geben Sie die Eier in eine Rührschüssel und würzen Sie sie mit Pfeffer, Salz und Paprikapulver. Vermischen Sie die Zutaten miteinander.

3 Stellen Sie aus den Brötchen ein Paniermehl her. Geben Sie das Paniermehl, die Eiermischung und das Mehl auf jeweils separate Teller.

4 Wenden Sie das Fleisch erst im Mehl, dann im Ei und zum Schluss im Paniermehl.

5 Erhitzen Sie das Öl in einem ausreichend großen Topf und frittieren Sie die Hähnchenteile für etwa 15 Minuten.

ANZAC (AUSTRALISCHE WEIHNACHTSKEKSE)

20 Port.

35 Min.

Leicht

Zutaten

120 g Mehl
100 g Haferflocken, kernig
150 g Zucker
125 g Butter
75 g Kokosflocken
3 EL Sirup
1 TL Backpulver
2 EL Wasser
1 Prise Salz

Nährwerte p. P.

115 kcal
15 g Kohlenhydrate
6 g Fett
1 g Eiweiß

1 Heizen Sie den Backofen auf 160 °C Umluft vor.

2 Geben Sie die Butter in einen Topf und erwärmen Sie sie bei niedriger Temperatur. Stellen Sie den Topf zum Abkühlen beiseite.

3 Anschließend füllen Sie den Sirup zur Butter und mischen beides gut zusammen.

4 Sieben Sie das Mehl in eine Rührschüssel und mischen Sie das Backpulver unter. Geben Sie das Salz, den Zucker sowie die Hafer- und Kokosflocken dazu und vermischen Sie alles miteinander.

5 Geben Sie nun die Buttermischung zur Mehlmischung und kneten Sie alle Zutaten zusammen. Sollte der Teig zu trocken werden, füllen Sie etwas Wasser dazu.

6 Anschließend formen Sie aus dem Teig etwa 20 Kugeln, die Sie auf einem mit Backpapier belegten Blech verteilen. Drücken Sie sie ein wenig flach.

7 Schieben Sie das Blech auf die mittlere Schiene des Backofens und backen Sie die Kekse für etwa 15 Minuten. Die Kekse sind fertig, wenn die Oberfläche hart wird. Stellen Sie sie zum Aushärten und Abkühlen beiseite.

Tipp: Ursprünglich wurde dieses Rezept für australische Soldaten im 1. Weltkrieg entwickelt. Heute werden die Kekse gerne zum Tee in der Weihnachtszeit gereicht.

AUSTRALISCHE MAISPUFFER

6 Port.

50 Min.

Leicht

Zutaten

125 g Frühstücksspeck
1 Dose Mais
150 g Mehl
6 Strauchtomaten
100 ml Milch
7 EL Öl
2 Eier
200 g Blattspinat oder Rucola
1 Paprika, rot
1 TL Paprikapulver, edelsüß
1 TL Zucker
1 TL Backpulver
½ Bund Koriander
½ Bund Lauchzwiebeln
1 Prise Salz
1 Prise Pfeffer

Nährwerte p. P.

270 kcal
23 g Kohlenhydrate
15 g Fett
10 g Eiweiß

1 Heizen Sie den Backofen auf 160 °C Umluft vor.

2 Säubern Sie die Tomaten und schneiden Sie sie jeweils zur Hälfte durch. Legen Sie sie mit der Schnittfläche nach oben in eine Auflaufform und träufeln Sie das Öl darüber. Würzen Sie die Tomaten mit Salz und Pfeffer. Backen Sie sie für etwa 30 Minuten.

3 Erhitzen Sie in der Zwischenzeit etwas Öl in einer Pfanne und braten Sie die Speckscheiben, bis sie knusprig sind. Legen Sie sie zum Entfetten auf ein Stück Küchenpapier.

4 Geben Sie den Mais zum Abtropfen in ein Küchensieb. Säubern Sie die Paprika und schneiden Sie sie in kleine Würfel. Waschen Sie die Lauchzwiebeln ab und schneiden Sie sie in dünne Ringe. Spülen Sie den Koriander ab und hacken Sie ihn in feine Stücke. Spülen Sie den Spinat unter fließendem Wasser ab.

5 Geben Sie das Mehl in eine Rührschüssel. Fügen Sie das Backpulver, das Paprikapulver, das Salz und den Zucker dazu und vermischen Sie alles miteinander.

6 Verrühren Sie in einer weiteren Schüssel die Eier und die Milch. Geben Sie die Mischung in die Schüssel mit dem Mehl. Verrühren Sie alle Zutaten zu einem glatten Teig.

7 Geben Sie den Mais, die Lauch- und Paprikastücke sowie den Koriander in den Teig und verrühren Sie alles miteinander.

8 Erhitzen Sie etwas Öl in einer Pfanne und backen Sie aus dem Teig 12 Puffer.

9 Richten Sie einen Maispuffer auf einem Teller an und legen Sie eine geröstete Tomate, etwas krossen Speck und Spinat darauf. Platzieren Sie einen zweiten Maispuffer darauf.

AUSTRALIAN MEAT PIE

 12 Port.  70 Min.  Mittel

Zutaten
Teig:
100 g Butter
100 ml Milch
100 ml Wasser
300 g Mehl (Type 1050)
1 Prise Salz
etwas Butter zum Einfetten

Deckel:
1 Ei
½ Rolle Blätterteig

Füllung:
500 g Hackfleisch vom Rind
1 EL Öl
100 g Baconwürfel
1 Zwiebel, rot
1 Tasse Erbsen, TK
2 EL Tomatenmark
3 TL Mehl
200 ml Wasser
1 EL Worcestershiresoße
2 Brühwürfel
1 Prise Zucker
1 Prise Salz
1 Prise Pfeffer

Nährwerte p. P.

326 kcal
25 g Kohlenhydrate
18 g Fett
15 g Eiweiß

1 Geben Sie 300 g Mehl mit dem Salz in eine Rührschüssel und vermischen Sie beides.

2 Füllen Sie die Milch und das Wasser sowie die Butter in einen Topf und kochen Sie die Flüssigkeit kurz auf. Gießen Sie sie anschließend sofort über das Mehl in die Rührschüssel.

3 Vermischen Sie alles mit einem Löffel und kneten Sie anschließend einen glatten Teig daraus.

4 Pellen Sie die Zwiebel und schneiden Sie sie in kleine Würfel. Erhitzen Sie etwas Öl in einer Pfanne und braten Sie die Zwiebeln darin an. Geben Sie die Baconwürfel dazu und braten Sie beides für etwa 3 Minuten. Geben Sie das Hackfleisch in die Pfanne und braten Sie es von allen Seiten an.

5 Füllen Sie nun ⅔ der Wassermenge, das Tomatenmark, die Worcestershiresoße, die Brühwürfel und den Zucker in die Pfanne und köcheln Sie alle Zutaten für etwa 5 Minuten. Rühren Sie immer wieder um, damit nichts ansetzt.

6 Verrühren Sie die 3 Teelöffel Mehl mit dem übrigen Wasser. Geben Sie es unter Rühren in die Pfanne und köcheln Sie alles für weitere 5 Minuten, bis eine sämige Soße entsteht.

7 Mischen Sie die Erbsen unter die Zutaten in der Pfanne und würzen Sie mit Salz und Pfeffer. Anschließend stellen Sie die Pfanne zum Abkühlen beiseite.

8 Heizen Sie den Backofen auf 160 °C Umluft vor und fetten Sie eine 12er-Muffinform ein.

9 Rollen Sie auf einer bemehlten Arbeitsfläche den Teig mit einem Nudelholz dünn aus. Stechen Sie runde Teilchen aus, die etwa 3 Zentimeter größer sind als die Muffinformen. Legen Sie in jede Form ein Teigstück und drücken Sie die Ränder nach oben.

10 Verteilen Sie die Hackfleischfüllung in die Muffinförmchen. Schneiden Sie aus dem Blätterteig passende Deckel und verquirlen Sie das Ei.

11 Bestreichen Sie die Ränder der Blätterteigdeckel mit dem Ei und schließen Sie damit die Förmchen. Drücken Sie die Ränder etwas fest. Bestreichen Sie die Oberflächen mit dem restlichen Ei.

12 Backen Sie die Pies auf der mittleren Schiene für etwa 30 Minuten, bis sie eine goldgelbe Farbe angenommen haben. Nehmen Sie sie aus dem Ofen und stellen Sie sie zum Abkühlen beiseite.

Tipp: Die Meat Pies schmecken warm und kalt. Sie können sie für etwa 2 Tage lagern.

BUSH-BALLS (HACKBÄLLCHEN)

 4 Port.  60 Min.  Leicht

Zutaten

1 kg Schweinefleisch, als Hackfleisch
1 Dose Möhren, ca. 400 g
6 Schalotten
2 EL Akaziensamen
1 l kräftige Hühnerbrühe
3 Eier
2 EL Pfefferpaste, grün (Tube)
1 Prise Salz
1 Prise Pfeffer

Nährwerte p. P.

398 kcal
7 g Kohlenhydrate
13 g Fett
61 g Eiweiß

1 Geben Sie das Hackfleisch in eine Schüssel. Pellen Sie die Schalotten und schneiden Sie sie in ganz feine Stücke. Zerdrücken Sie die Möhren mit einer Gabel. Sollten Sie über einen Fleischwolf verfügen, so drehen Sie das ganze Fleisch mit den Schalotten und den Möhren hindurch.

2 Füllen Sie nun alle Zutaten, außer die Brühe, zur Hackmasse und kneten Sie einen geschmeidigen Teig daraus. Formen Sie aus dem Teig kleine Hackbällchen.

3 Kochen Sie die Brühe auf und garen Sie die Hackbällchen darin.

WHITE CHRISTMAS SLICES (SCHOKOLADEN-KONFEKT)

40 Port.

30 Min.

Mittel

Zutaten

600 g Kuvertüre, weiß
25 g Popcorn, salzig
80 g Kürbiskerne
60 g Mandelblättchen
100 g Kokosfett
1 Zitrone, unbehandelt
60 g Kirschen, getrocknet (alternativ Cranberrys)
1 EL Kokoschips

Nährwerte p. P.

140 kcal
11 g Kohlenhydrate
8 g Fett
2 g Eiweiß

1 Säubern Sie die Zitrone und reiben Sie die Schale ab.

2 Erhitzen Sie eine Pfanne ohne Fettzugabe und rösten Sie darin die Kürbiskerne an. Anschließend stellen Sie sie zum Abkühlen beiseite.

3 Zerhacken Sie die Kuvertüre in kleine Stücke. Erhitzen Sie das Kokosfett in einem Topf und nehmen Sie ihn anschließend wieder von der Kochstelle. Geben Sie nach und nach unter Rühren die Schokoladenstücke hinein und schmelzen Sie sie darin.

4 Entnehmen Sie je 1 Esslöffel von den Kürbiskernen und den Kirschen und stellen Sie sie beiseite. Geben Sie das Popcorn, die Mandelblättchen, die Zitronenschale sowie die restlichen Kirschen und Kürbiskerne in die Schokoladenmischung und verrühren Sie alles miteinander.

5 Belegen Sie eine Kastenform mit Frischhaltefolie und geben Sie die Schokoladenmischung hinein. Bestreuen Sie sie mit den Kokoschips und den zuvor beiseite gestellten Kürbiskernen und Kirschen.

6 Stellen Sie die Kastenform für mindestens 2 Stunden in den Kühlschrank. Anschließend stürzen Sie die Süßspeise auf eine Platte. Nun können Sie zum Servieren entweder dünne Streifen oder kleine Würfel abschneiden.

SPINATMUFFINS MIT ZIEGENKÄSE

10 Port. 30 Min. Leicht

Zutaten

200 ml Milch
120 g Ziegenkäse, weich
75 g Blattspinat, TK-Ware
250 g Mehl
50 g Parmesan, gerieben
25 g Butter
1 TL Natron
1 Ei
1 EL Backpulver
12 Cherry-Tomaten
1 Prise Knoblauchpulver
1 Prise Salz
1 Prise Pfeffer

Nährwerte p. P.

109 kcal
3 g Kohlenhydrate
8 g Fett
5 g Eiweiß

1 Heizen Sie den Backofen auf 180 °C Umluft vor.

1 Bringen Sie den Spinat zum Auftauen (Mikrowelle). Erhitzen Sie die Butter und die Milch in einem Topf. Zerkleinern Sie den Spinat und geben Sie ihn zur Milchmischung in den Topf. Nehmen Sie den Topf von der Kochstelle und würzen Sie die Speise mit Salz, Pfeffer und Knoblauchpulver.

2 Geben Sie das Mehl, das Natron und das Backpulver in eine Rührschüssel und vermischen Sie alles miteinander. Fügen Sie den Parmesankäse, das Ei und die Spinatmasse aus dem Topf dazu. Vermischen Sie die Zutaten und geben Sie nach und nach den Ziegenkäse dazu. Rühren Sie ihn vorsichtig unter die Masse.

3 Befüllen Sie 10 Muffinförmchen mit dem Teig. Stechen Sie die Tomaten mehrmals ein und setzen Sie je eine mittig auf die Muffins.

4 Backen Sie die Muffins für etwa 15 Minuten, bis sie eine goldbraune Farbe angenommen haben.

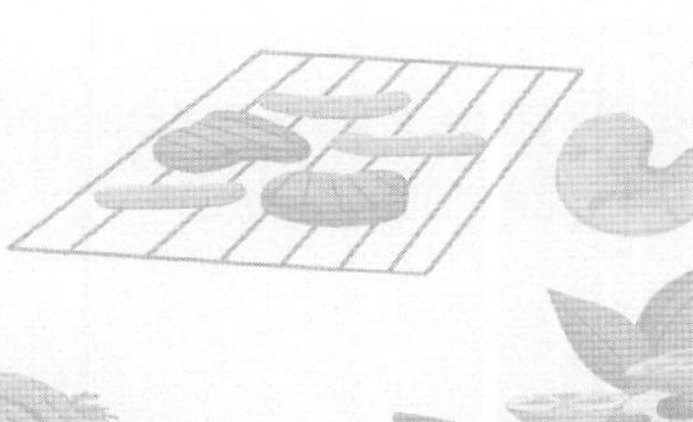

ZUCCHINI SLICES (ZUCCHINI-QUICHE)

8 Port.

70 Min.

Leicht

Zutaten

120 g Cheddarkäse
2 Zucchini
120 g Mehl
20 Oliven, grün + eingelegt
1 Zwiebel
100 ml Sahne
1 EL Olivenöl
5 Eier
etwas Dill
etwas Petersilie
etwas Schnittlauch
1 Prise Salz
1 Prise Pfeffer

Nährwerte p. P.

219 kcal
13 g Kohlenhydrate
14 g Fett
9 g Eiweiß

1 Heizen Sie den Backofen auf 180 °C Ober-/Unterhitze vor. Fetten Sie eine Auflauf- oder Springform ein.

2 Säubern Sie die Zucchini und raspeln Sie sie mit Schale in ein Küchensieb. Entfernen Sie die Kerne aus den Oliven und schneiden Sie sie in Ringe. Raspeln Sie den Käse und hacken Sie die Kräuter in feine Stücke.

3 Pellen Sie die Zwiebel und schneiden Sie sie in kleine Würfel. Erhitzen Sie etwas Öl in einer Pfanne und braten Sie darin die Zwiebelwürfel langsam bräunlich an.

4 Vermischen Sie in einer Rührschüssel die Eier und die Sahne. Geben Sie das Mehl dazu und verrühren Sie alles zu einer glatten Masse.

5 Drücken Sie vorsichtig die Flüssigkeit aus den Zucchiniraspeln und geben Sie sie mit dem Käse, den Zwiebeln, den Oliven und den Kräutern in die Ei-Sahne-Mischung. Würzen Sie mit Salz und Pfeffer.

6 Füllen Sie den Zucchiniteig in die Auflaufform und backen Sie die Speise für etwa 40 bis 45 Minuten.

Tipp: Sie können die Zucchini Slices warm oder kalt servieren und im Kühlschrank für 3 Tage lagern.

AUSTRALISCHE KEKSE

20 Port.

45 Min.

Leicht

Zutaten

175 g Butter
150 g Mehl
50 g Zucker
100 g Kokosraspel
25 g Rosinen
100 g Haferflocken
100 g Zucker, braun
2 EL Honig
1 TL Natron

Nährwerte p. P.

188 kcal
21 g Kohlenhydrate
11 g Fett
2 g Eiweiß

1 Heizen Sie den Backofen auf 170 °C Umluft vor. Belegen Sie zwei Bleche mit Backpapier.

2 Geben Sie das Mehl, beide Zuckersorten, die Kokosraspel, das Natron und die Haferflocken in eine Rührschüssel und vermischen Sie alles miteinander.

3 Geben Sie die Butter und den Honig in einen Topf und erhitzen Sie die Zutaten bei mittlerer Temperatur unter ständigem Rühren.

4 Geben Sie die geschmolzene Buttermischung und die Rosinen in die Mehlmischung und verrühren Sie alle Zutaten gründlich.

5 Formen Sie aus dem Teig kleine Bällchen und setzen Sie sie auf die Backbleche. Backen Sie die Kekse für etwa 10 bis 15 Minuten, bis sie eine goldbraune Farbe angenommen haben.

Desserts und Kuchen

PAVLOVA (AUSTRALISCHE SÜẞSPEISE)

4 Port. 90 Min. Leicht

Zutaten

2 Becher Schlagsahne à 200 g
280 g Zucker
1 TL Essig
4 Eiweiß
1 TL Speisestärke
1 Pck. Vanillezucker
etwas Fett für das Blech
Früchte nach Belieben

Nährwerte p. P.

637 kcal
82 g Kohlenhydrate
32 g Fett
6 g Eiweiß

1 Heizen Sie den Backofen auf 180 °C Ober-/Unterhitze vor.

2 Geben Sie das Eiweiß in eine Rührschüssel. Stellen Sie mit einem Handrührgerät einen festen Eischnee her. Kurz bevor er richtig fest wird, geben Sie langsam den Zucker und den Vanillezucker dazu und mixen dann so lange weiter, bis die gewünschte feste Konsistenz erreicht ist.

3 Nun heben Sie vorsichtig die Speisestärke und den Essig unter und schlagen die Masse noch einmal kurz auf.

4 Fetten Sie ein Backblech ein und füllen Sie die Baisermasse darauf. Formen Sie einen Kreis mit einer Höhe von etwa 3 cm aus dem Eischnee und streichen Sie die Oberfläche mit einem Löffel glatt.

5 Schieben Sie das Blech in den Backofen und stellen Sie die Temperatur auf 100 °C zurück. Backen Sie das Baiser für etwa 1 Stunde. Nach der Backzeit stellen Sie den Ofen aus und lassen das Gebäck bei offener Tür abkühlen.

6 Vor dem Servieren schlagen Sie mit dem Handrührgerät die Sahne steif. Füllen Sie sie auf das kalte Baiser. Garnieren Sie die Speise mit kleingeschnittenen Früchten Ihrer Wahl.

AUSTRALISCHER KÄSEKUCHEN

12 Port.

120 Min.

Leicht

Zutaten

100 g Crème fraîche
100 g Butter
500 g Frischkäse
200 g Butterkekse
2 Maracujas
1 EL Zitronenmelisse
100 g + 2 EL Zucker
2 TL Zitronensaft
1 TL Zitronenschale
3 Eier
2 EL Mehl
etwas Butter-Vanille-Aroma

Nährwerte p. P.

356 kcal
30 g Kohlenhydrate
24 g Fett
6 g Eiweiß

1 Heizen Sie den Backofen auf 180 °C Umluft vor. Fetten Sie eine Springform ein. Säubern Sie die Maracujas und halbieren Sie die Früchte. Holen Sie die Kerne heraus und stellen Sie sie in einer Schale beiseite.

2 Geben Sie die Butter in einen Topf und bringen Sie sie vorsichtig zum Schmelzen. Anschließend stellen Sie sie zum Abkühlen beiseite.

3 Zermahlen Sie die Butterkekse und füllen Sie sie in eine Rührschüssel. Fügen Sie die abgekühlte Butter und 2 EL Zucker dazu und vermischen Sie alles miteinander. Füllen Sie die Mischung in die Springform und formen Sie den Teig am Rand etwa bis zur Hälfte hoch. Backen Sie den Teig für 10 Minuten auf der mittleren Schiene.

4 In der Zwischenzeit trennen Sie die Eier. Geben Sie den Frischkäse mit 100 g Zucker in eine Rührschüssel und vermischen Sie beides miteinander. Rühren Sie das Eigelb, den Zitronensaft und die abgeriebene Zitronenschale unter. Fügen Sie ein paar Tropfen des Butter-Vanille-Aromas dazu und verrühren Sie alle Zutaten.

5 Nun geben Sie das Mehl, die Maracujakerne und die Crème fraîche dazu und vermischen alles miteinander. Schlagen Sie das Eiweiß zu einem steifen Schnee und heben Sie es unter die Masse.

6 Nehmen Sie die Springform aus dem Backofen und reduzieren Sie die Temperatur auf 150 °C. Verteilen Sie die Füllung auf dem vorgebackenen Teig und backen Sie ihn für etwa 45 Minuten auf der mittleren Schiene zu Ende.

7 Nach der Backzeit schalten Sie den Backofen aus und belassen den Kuchen noch für eine Stunde im Ofen. Dann nehmen Sie ihn heraus und stellen ihn zum Abkühlen beiseite. Stellen Sie ihn anschließend in den Kühlschrank.

8 Zum Servieren garnieren Sie den Käsekuchen mit den Maracujahälften und der Zitronenmelisse.

LAMINGTONS (KUCHENWÜRFEL MIT KOKOSRASPEL)

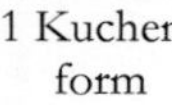

1 Kuchenform | 90 Min. | Leicht

Zutaten

Teig:

65 g Dinkelmehl (Type 630)
3 Eier
25 g Speisestärke
75 g Puderzucker (Rohrpuderzucker)
1 Vanilleschote, Mark
½ TL Backpulver
1 Prise Salz

Glasur:

110 g Puderzucker
75 g Zartbitterschokolade
150 g Butter
150 ml Milch
etwas Kokosflocken

Nährwerte p. Kuchenform

2946 kcal
304 g Kohlenhydrate
176 g Fett
32 g Eiweiß

1 Heizen Sie den Backofen auf 180 °C Ober-/Unterhitze vor. Fetten Sie eine rechteckige Backform ein. Die Größe sollte etwa 30 cm x 20 cm betragen.

2 Geben Sie das Mehl in eine Rührschüssel und vermischen Sie es mit der Speisestärke, dem Salz sowie dem Backpulver.

3 Schlagen Sie die Eier in eine weitere Rührschüssel und schlagen Sie sie mit einem Handrührgerät schaumig. Anschließend füllen Sie den Zucker und das Vanillemark dazu.

4 Geben Sie die Mehlmischung durch ein Sieb in die Eiermischung. Heben Sie sie mit einem Schneebesen vorsichtig unter.

5 Befüllen Sie die Backform mit dem Teig. Backen Sie den Teig für etwa 35 Minuten auf der mittleren Schiene im Backofen. Anschließend stürzen Sie den Kuchen sofort aus der Form und stellen ihn zum Abkühlen beiseite.

6 In der Zwischenzeit stellen Sie die Glasur her, indem Sie die Milch, die Butter, den Puderzucker und die Schokolade in einem heißen Wasserbad einschmelzen.

7 Schneiden Sie den Kuchen in kleine Würfel, etwa 4 cm x 4 cm groß. Tauchen Sie einen Kuchenwürfel in die flüssige Schokoladenmischung und anschließend in die Kokosflocken. Legen Sie ihn zum Aushärten auf ein Stück Backpapier. Verfahren Sie mit allen weiteren Kuchenwürfeln, bis alle eine Schokoglasur erhalten haben.

BANANENKUCHEN

12 Port. 100 Min. Leicht

Zutaten

150 g Butter
200 g Mehl
150 g Zucker
50 g Mandeln, gehackt
50 g Speisestärke
1 Zitrone
4 Bananen
1 TL Backpulver
1 Schuss Milch
2 Eier
1 Prise Muskat
1 Prise Salz
1 Prise Zimt
1 Prise Ingwer, gemahlen
1 Prise Nelken, gemahlen
etwas Puderzucker

Nährwerte p. P.

292 kcal
37 g Kohlenhydrate
14 g Fett
4 g Eiweiß

1 Heizen Sie den Backofen auf 175 °C Umluft vor. Säubern Sie die Zitrone und raspeln Sie die Schale ab. Pressen Sie den Saft in eine kleine Schale.

2 Geben Sie die Butter und den Zucker in eine Rührschüssel und mixen Sie die Zutaten mit einem Handrührgerät zu einer schaumigen Masse. Rühren Sie anschließend die Zitronenschale und die Eier unter.

3 Mischen Sie in einer weiteren Schüssel 150 g Mehl mit der Speisestärke und dem Backpulver sowie mit sämtlichen Gewürzen zusammen. Füllen Sie die Mischung anschließend durch ein Sieb unter ständigem Rühren in die Buttermasse. Sollte der Teig zu fest werden, geben Sie etwas Milch dazu.

4 Fetten Sie eine Springform ein und füllen Sie die Hälfte des Teiges hinein. Backen Sie ihn für etwa 25 Minuten im Backofen.

5 In der Zwischenzeit schälen Sie die Bananen. Schneiden Sie sie in Scheiben oder zerdrücken Sie sie mit einer Gabel. Mischen Sie den Zitronensaft in die Bananen.

6 Nach der Backzeit geben Sie die Bananen auf den Teig und streuen die Mandeln darüber. Heizen Sie nun den Backofen auf 190 °C Umluft vor.

7 Nun mischen Sie den übrigen Teig mit dem Rest des Mehls und rollen den Teig so aus, dass er in die Springform passt. Legen Sie den Teig auf die Bananenmasse.

8 Backen Sie den Kuchen in etwa 25 bis 35 Minuten zu Ende. Streuen Sie gleich nach dem Backen etwas Puderzucker darüber und stellen Sie ihn zum Abkühlen beiseite.

YULE LOG (AUSTRALISCHER WEIHNACHTSKUCHEN)

12 Port.

130 Min.

Mittel

Zutaten

Teig
80 g Mehl
80 g Zucker
2 EL Kakaopulver, dunkel
4 Eier
1 TL Backpulver
½ Pck. Vanillezucker
1 Prise Salz

Füllung
150 g Frischkäse
200 g kalte Schlagsahne
½ Pck. Vanillezucker
2 EL Puderzucker

Glasur
100 g Frischkäse
65 g Kuvertüre, Zartbitter
2 EL Schlagsahne
1 EL Kakaopulver, dunkel
40 g Puderzucker

Außerdem
200 g Süßkirschen
1 EL Puderzucker, gesiebt
1 EL Zucker

Zubereitung Teig

1 Heizen Sie den Backofen auf 200 °C Ober-/Unterhitze vor. Belegen Sie ein Blech mit Backpapier.

2 Trennen Sie die Eier und geben Sie die Eiweiße in eine Rührschüssel. Geben Sie das Salz dazu und schlagen Sie das Eiweiß mit einem Handrührgerät zu einem festen Eischnee. Währenddessen rieseln Sie den Vanillezucker und den Zucker dazu. Nun heben Sie die Eigelbe unter den Eischnee.

3 Vermischen Sie in einer separaten Schüssel das Mehl mit dem Kakao- und dem Backpulver. Anschließend rühren Sie die Mehlmischung vorsichtig unter den Eischnee.

4 Füllen Sie den Teig auf das Backblech und verstreichen Sie ihn. Backen Sie den Teig für etwa 10 Minuten auf der mittleren Schiene des Backofens.

5 Währenddessen breiten Sie ein Küchentuch aus und bestreuen es mit Zucker. Nach der Backzeit stürzen Sie den Kuchen auf das Tuch und rollen ihn sofort, mit Backpapier und Küchentuch, von der langen Seite beginnend auf. Stellen Sie die Rolle zum Abkühlen beiseite.

Zubereitung Füllung

1 Geben Sie die kalte Sahne in eine Rührschüssel und fügen Sie den Puderzucker und den Vanillezucker dazu. Schlagen Sie die Sahne mit dem Handrührgerät steif.

Nährwerte p. P.

261 kcal
25 g Kohlenhydrate
16 g Fett
5 g Eiweiß

2 Füllen Sie den Frischkäse in eine weitere Schüssel und mischen Sie die steife Sahne vorsichtig darunter. Stellen Sie die Frischkäsesahne zur weiteren Verwendung in den Kühlschrank.

Zubereitung Yule Log

1 Entrollen Sie vorsichtig den Biskuitteig und nehmen Sie das Küchentuch und das Backpapier ab.

2 Verstreichen Sie gleichmäßig die Füllung auf dem Teig und rollen Sie ihn wieder auf. Legen Sie ihn mit der Naht nach unten zeigend auf eine Servierplatte.

Zubereitung Glasur

1 Schmelzen Sie die Kuvertüre in einem Wasserbad. Rühren Sie zwischendurch immer wieder um.

2 Nehmen Sie die Schokolade vom Wasserbad herunter und mischen Sie die Sahne, den Frischkäse, den Kakao und den Puderzucker dazu.

3 Gießen Sie die Glasur über die Biskuitrolle und verstreichen Sie sie gleichmäßig.

4 Stellen Sie den Kuchen für etwa 1 Stunde in den Kühlschrank.

5 Zum Servieren stäuben Sie etwas Puderzucker über den Yule Log und servieren ihn mit den Kirschen.

LEMON DELICIOUS (AUSTRALISCHER ZITRONENPUDDING)

7 Port.

65 Min.

Leicht

Zutaten

60 g Mehl
50 g Butter
1 ½ Tassen Milch
180 g Zucker
1 TL Backpulver
3 Zitronen (Saft + Schale)
4 Eier

Nährwerte p. P.

258 kcal
35 g Kohlenhydrate
11 g Fett
5 g Eiweiß

1 Heizen Sie den Backofen auf 160 °C Umluft vor.

2 Säubern Sie die Zitronen und reiben Sie die Schale fein ab. Anschließend pressen Sie den Saft heraus. Trennen Sie die Eier. Mischen Sie in einer Rührschüssel das Mehl mit dem Backpulver.

3 Geben Sie die Butter, die halbe Zuckermenge und die geriebene Zitronenschale in eine Rührschüssel und verrühren Sie alles zu einer cremigen Masse. Fügen Sie nach und nach die Eigelbe, den Zitronensaft und die Milch hinzu. Anschließend sieben Sie die Mehlmischung hinein und verrühren alle Zutaten vorsichtig miteinander.

4 Geben Sie die Eiweiße in eine weitere Rührschüssel und fügen Sie den restlichen Zucker dazu. Schlagen Sie das Eiweiß zu einem festen Eischnee. Heben Sie es vorsichtig unter die Zitronenmischung.

5 Füllen Sie den Teig in eine ofenfeste Form. Stellen Sie die Form in ein Wasserbad und backen Sie den Pudding im Backofen für etwa 50 Minuten.

Tipp: In Australien wird dieser Pudding gerne mit Vanilleeis oder frischen Beeren serviert.

Soßen, Aufstriche, Cremes & Dips

CHIMICHURRI (SCHARFE SOßE)

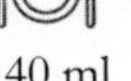

140 ml 140 Min. Leicht

Zutaten

1 Limette
1 Tasse Olivenöl
2 Schalotten
4 Knoblauchzehen
2 Bund Petersilie
1 TL Chilipulver
1 EL Thymian
1 EL Oregano
1 Prise Salz
1 Prise Pfeffer

Nährwerte p. P.

14 kcal
0 g Kohlenhydrate
2 g Fett
0 g Eiweiß

1 Spülen Sie die Petersilie ab und hacken Sie sie in feine Stücke. Pellen Sie die Schalotten und den Knoblauch und schneiden Sie beides in feine Stücke. Geben Sie die Zutaten in eine Schüssel und vermischen Sie alles gut miteinander.

2 Säubern Sie die Limette und reiben Sie die Schale ab. Anschließend pressen Sie den Saft aus der Limette. Geben Sie beides in die Schüssel zur Petersilienmischung.

3 Nun fügen Sie alle Gewürze und das Olivenöl hinzu. Verrühren Sie alles gut miteinander und stellen Sie die Soße für mindestens 2 Stunden in den Kühlschrank.

GESALZENE BUTTER

4 Port. 30 Min. Leicht

Zutaten

1 TL Meersalz, grob
125 g Butter

Nährwerte p. P.

233 kcal
0 g Kohlenhydrate
26 g Fett
0 g Eiweiß

1 Stellen Sie die Butter an einen warmen Ort, damit sie weich wird.

2 Rühren Sie sie mit einem Schneebesen zu einer cremigen Masse und würzen Sie sie mit dem Salz.

3 Füllen Sie die Butter in ein passendes Schälchen und stellen Sie sie bis zum Verzehr in den Kühlschrank.

GRILLSOẞE

6 Port.

15 Min.

Leicht

Zutaten

250 ml Öl
2 EL Senf
1 TL Cayennepfeffer
3 Knoblauchzehen
3 EL Tomatenmark
4 Zwiebeln
1 TL Essig
1 TL Petersilie
1 EL Zucker
1 TL Oregano, getrocknet
Salz

Nährwerte p. P.

386 kcal
8 g Kohlenhydrate
39 g Fett
1 g Eiweiß

1 Pellen Sie den Knoblauch und die Zwiebeln. Hacken Sie beides in feine Stücke. Spülen Sie die Petersilie ab und hacken Sie sie in grobe Stücke.

2 Geben Sie den Knoblauch und die Zwiebeln in eine Rührschüssel und fügen Sie das Öl, den Essig, den Zucker, das Tomatenmark, den Senf, den Cayennepfeffer, die Petersilie und den Oregano dazu. Vermischen Sie alle Zutaten miteinander.

3 Anschließend pürieren Sie mit einem Pürierstab alles gut durch. Schmecken Sie die Soße mit Salz ab.

MANGO-CHUTNEY

4 Port.

45 Min.

Leicht

Zutaten

180 ml Balsamicoessig
½ TL Chilipulver
100 ml Wasser
3 Mangos
2 Zwiebeln
2 EL Zucker
1 Prise Pfeffer
1 Prise Salz

Nährwerte p. P.

198 kcal
43 g Kohlenhydrate
1 g Fett
2 g Eiweiß

1 Entfernen Sie die Schale der Mangos und schneiden Sie das Fruchtfleisch in feine Streifen.

2 Erhitzen Sie in einem Topf das Wasser und geben Sie den Zucker dazu. Karamellisieren Sie die Masse.

3 In der Zwischenzeit pellen Sie die Zwiebeln und hacken sie in feine Stücke. Geben Sie die Zwiebeln anschließend zur Zuckermasse in den Topf. Dünsten Sie alles für 3 bis 5 Minuten.

4 Gießen Sie nun den Essig dazu und dünsten Sie die Zutaten für weitere 3 Minuten.

5 Füllen Sie nun die Mangostreifen in den Topf. Köcheln Sie die Speise für etwa 20 Minuten. Es soll eine dickflüssige Konsistenz entstehen.

6 Zum Schluss würzen Sie das Chutney mit den Gewürzen und füllen es noch heiß in verschließbare Gläser um. Stellen Sie diese zum Abkühlen beiseite.

Tipp: Ein geöffnetes Glas Mango-Chutney ist im Kühlschrank bis zu 5 Wochen haltbar. Ein luftdicht verschlossenes Glas können Sie 6 Monate lagern.

AVOCADOMUS

2 Port.

20 Min.

Leicht

Zutaten

75 g Feta
1 Avocado, groß
½ Zitrone

Nährwerte p. P.

328 kcal
1 g Kohlenhydrate
31 g Fett
8 g Eiweiß

Schneiden Sie die Avocado in zwei Hälften und lösen Sie das Fruchtfleisch her-aus. Schneiden Sie den Fetakäse in Würfel. Geben Sie beides in eine Rührschüs-sel und zerdrücken Sie die Zutaten mit einer Gabel zu einem Mus. Pressen Sie den Saft aus der halben Zitrone und geben Sie ihn zum Avocadomus. Verrühren Sie alles miteinander.

Tipp: Das Avocadomus wird gerne zum Frühstück gereicht und auf Toastbrot serviert.

AUSTRALISCHE BURGERSOßE

4 Port.

60 Min.

Leicht

Zutaten

1 Mango
2 Schalotten
150 g Agavendicksaft
2 Knoblauchzehen
6 EL Ketchup
4 EL Sonnenblumenöl
800 ml Gemüsebrühe
80 ml Sojasoße
2 EL Fenchelsaat
8 Kardamomkapseln
3 EL Koriandersaat
1 EL Currypulver

Nährwerte p. P.

254 kcal
46 g Kohlenhydrate
6 g Fett
3 g Eiweiß

1 Pellen Sie die Schalotten und den Knoblauch und schneiden Sie beides in feine Stücke. Schälen Sie die Mango und schneiden Sie sie in grobe Würfel.

2 Geben Sie den Koriander, den Fenchel und den Kardamom in einen Mörser und zermahlen Sie die Gewürze grob. Anschließend erhitzen Sie eine Pfanne ohne Fettzugabe und rösten die Gewürze kurz an.

3 Geben Sie dann das Öl, den Knoblauch, die Schalotten, die Mango und das Currypulver dazu und braten Sie alles für etwa 1 Minute.

4 Nun gießen Sie den Agavendicksaft in die Pfanne und karamellisieren alles. Fügen Sie die Gemüsebrühe dazu und geben Sie den Ketchup und die Sojasoße hinein. Verrühren Sie alles miteinander und köcheln Sie die Soße bei mittlerer Temperatur für etwa 30 bis 35 Minuten.

5 Nach der Kochzeit pürieren Sie alle Zutaten mit einem Pürierstab und füllen die Soße durch ein Sieb in eine Schüssel.

Australische Gewürzmischungen

AUSTRALISCHE GEWÜRZMISCHUNG

4 Port.

15 Min.

Leicht

Zutaten

4 Blätter Tasmanische Pfeffer-Blätter
4 EL Buschtomaten, getrocknet
½ TL Zitronenmyrte
1 TL Akaziensamen
1 EL Tasmanischer Pfeffer

1 Geben Sie alle Zutaten in eine Pfanne ohne Fettzugabe. Erwärmen Sie sie bei niedriger Temperatur. Sie sollen nicht geröstet werden.

2 Anschließend füllen Sie die warmen Gewürze in einen Mörser und zerkleinern sie.

Tipp: Diese Gewürzmischung können Sie für zahlreiche australische Speisen verwenden.

CHICKEN SALT – DOWN UNDER (FÜR HÄHNCHEN, POMMES, CHIPS U. A.)

1 Port.

15 Min.

Leicht

Zutaten

1 Msp. Citronensäure, gemörsert
¼ TL Selleriesaat
¼ TL Paprikapulver, edelsüß
3 TL Zwiebelpulver
6 EL Meersalz
1 EL Rohrzucker
2 EL Knoblauchpulver
2 EL Glutamat oder Hefeextrakt, trocken
2 EL Kurkuma, gemahlen
1 TL Maisstärke
1 TL Pfeffer, weiß, gemahlen

1 Geben Sie alle Zutaten in eine Rührschüssel und vermischen Sie sie miteinander. Wenn möglich, zerkleinern Sie die Gewürze zusätzlich in einem Mörser oder mit einem elektrischen Zerkleinerer.

2 Füllen Sie die Gewürzmischung zum Lagern in ein gut verschließbares Gefäß.

CHICKEN SALT – GOURMET BLEND

(FÜR HÄHNCHEN, POMMES, CHIPS U. A.)

1 Port.

5 Std. Trocken-zeit

Mittel

Zutaten

5 g Selleriesaat, gemahlen
175 g Meersalz
15 g Kurkuma, gemahlen
70 g Steinpilze, getrocknet und gemahlen
15 g Knoblauchpulver
20 g Pfeffer, weiß, gemahlen
20 g Zwiebelpulver
150 ml Hühnerbrühe
10 ml Milch
10 ml Wasser
200 g Hühnerhaut, frisch, zerkleinert

1 Geben Sie das Wasser und die Milch zusammen mit der Hühnerhaut in einen Topf. Bei niedriger Hitze braten Sie die Haut, bis sie kross ist. Legen Sie sie anschließend auf ein Stück Küchenpapier.

2 Füllen Sie nun die Hühnerbrühe in einen Topf und köcheln Sie darin die Hühnerhaut, bis die Flüssigkeit verkocht ist.

3 Heizen Sie den Backofen auf 70 °C Umluft vor. Verteilen Sie die Hühnerhaut auf einem mit Backpapier ausgelegten Blech und trocknen Sie sie im Backofen für etwa 4 bis 5 Stunden.

4 Nach der Trockenzeit stellen Sie sie zum Abkühlen beiseite. In der Zwischenzeit mischen Sie die übrigen Gewürze in einer Schüssel zusammen.

5 Geben Sie nun alle Gewürze und die getrocknete Hühnerhaut in einen elektrischen Mixer und zerkleinern Sie alles zu einem feinen Pulver.

6 Füllen Sie die Gewürzmischung in ein gut verschließbares Gefäß.

CHICKEN SALT – WEST COAST BLEND

(FÜR HÄHNCHEN, POMMES, CHIPS U. A.)

1 Port.

15 Min.

Leicht

Zutaten

6 EL Meersalz
2 EL Kurkuma, gemahlen
3 EL gekörnte Hühnerbrühe, gemahlen
3 EL Paprikapulver, edelsüß
3 EL Steinpilze, getrocknet und gemahlen
3 EL Knoblauchpulver
1 TL Selleriesaat
1 TL Zwiebelpulver
1 TL Pfeffer, weiß, gemahlen

1 Geben Sie alle Zutaten in eine Schüssel und vermischen Sie sie miteinander.

2 Anschließend verarbeiten Sie sie in einem elektrischen Mixer zu einem feinen Pulver.

3 Füllen Sie das Gewürz in ein gut verschließbares Gefäß.